OLAUDAH EQUIANO

LE PRINCE ESCLAVE

UNE HISTOIRE VRAIE

adaptée par Ann Cameron

ILLUSTRATIONS DE ZAÜ

RAGEOT • ÉDITEUR

Collection dirigée par Caroline Westberg

Traduction : Ariane Bataille
ISBN 2-7002-2780-8
ISSN 1142-8252

Cet ouvrage a paru sous le titre *The Kidnapped Prince – The life of Olaudah Equiano*
chez Alfred A. Knopf, Inc., New York

Loi n°49-956 du 16-07-1949 sur les publications destinées à la jeunesse

PRÉFACE

Olaudah Equiano était un prince africain. À l'âge de onze ans, il fut kidnappé et emmené dans un monde étrange et nouveau pour lui. D'après les lois cruelles de ce monde, il était légalement la propriété d'un autre homme et comme tel, il était privé du droit de disposer de sa vie ou de protester contre ce qu'on lui imposait.

Il est remarquable de constater que malgré cette oppression, il a vécu sans perdre son intégrité, sa raison... ou son sens de l'humour. Avant de gagner sa liberté, il a reçu une éducation complète et il est devenu l'un des plus grands voyageurs de son temps. L'histoire de sa vie est un récit exaltant d'épreuves très dures et d'aventures fascinantes.

Il avait de bonnes raisons de vouloir écrire son autobiographie. La plupart des propriétaires et des marchands d'esclaves ayant fait fortune grâce à l'asservissement d'hommes, de femmes et d'enfants défendaient activement l'esclavage. Ils prétendaient que les esclaves étaient heureux et bien traités. Ils soutenaient que le christianisme autorisait l'esclavage et, même, l'approuvait. Ils affirmaient que la prospérité économique dépendait de l'esclavage et qu'il ne fallait surtout pas l'abolir. Ils assuraient que les Noirs étaient forts mais stupides, que l'esclavage leur convenait parfaitement. Ils disaient aussi que les Noirs étaient incapables d'apprendre à lire, encore moins d'écrire un livre.

Olaudah Equiano a voulu témoigner que ces affirmations étaient des mensonges. De nombreuses personnes luttant pour l'abolition de l'esclavage l'ont encouragé à raconter son histoire et l'ont aidé à la publier. Il n'écrivit pas seulement le récit de sa vie pour lui, mais aussi pour les millions d'esclaves noirs qui ne pouvaient faire entendre leur voix. Il savait que les Africains seraient jugés d'après ses écrits. S'il prouvait qu'il était lui-même honnête et intelligent, d'autres Noirs auraient une chance d'être considérés de même. S'il montrait qu'il était capable d'écrire de manière aussi convaincante qu'un Blanc, lui et les autres esclaves africains gagneraient le respect du lecteur.

Olaudah Equiano savait raconter une histoire. Peu après sa publication en 1789, *The Interesting Narrative of the Life of Olaudah Equiano* (*Le Récit édifiant de la vie d'Olaudah Equiano*) est devenu un best-seller en Angleterre et en Amérique puis un classique, et l'une des œuvres fondatrices d'une nouvelle branche de la littérature mondiale : les livres écrits par des Africains ou des descendants d'Africains, capturés ou nés esclaves, luttant pour conquérir leur liberté.

L'histoire d'Olaudah Equiano décrit à la fois les horreurs de l'esclavage et la joie infinie qu'apporte la liberté. Son témoignage montre qu'une personne noire peut être fidèle à elle-même et survivre malgré tout dans un monde qu'elle dénonce – et, même, faire de ce monde un endroit meilleur. Il montre qu'il est possible d'utiliser les outils d'un système cruel – surtout les mots écrits – pour changer l'ordre des choses. Sa foi inébranlable dans l'éducation et son désir insatiable d'apprendre sont devenus un exemple phare pour les autres Noirs. Dès son enfance, Olaudah Equiano semble avoir compris que l'instruction lui donnerait pouvoir et contrôle sur sa vie. Il apprend à boxer, à couper les cheveux, à naviguer, à monter à cheval, à charger un canon, à tenir des comptes et à faire du commerce pour acheter sa liberté. Et, surtout, il apprend à lire et à écrire. « *Voir le capitaine et Dick en train de lire me paraissait très étrange. Je brûlais d'envie de parler aux livres comme eux, car je croyais que c'était ce qu'ils faisaient. Je pensais que les livres m'expliqueraient comment toutes les choses avaient commencé. Lorsque j'étais seul, j'en prenais un et je l'approchais de mon oreille en espérant qu'il me réponde. J'ai toujours été très déçu qu'ils restent silencieux.* »

Une fois libre, il peut enfin « faire parler » son livre. Pour lui et pour beaucoup d'autres, il s'agit d'une étape essentielle car, comme le fait remarquer l'écrivain Ishmael Reed, l'esclave qui apprenait à lire et à écrire était le premier à se libérer. Olaudah utilise sa maîtrise de la langue non seulement pour exprimer ses sentiments les plus profonds, mais aussi pour toucher le cœur et l'esprit de milliers de lecteurs. Ses mots ont peut-être changé le cours de l'histoire.

Il a introduit dans les Lettres occidentales le lien inextricable entre la littérature et la liberté, entre la maîtrise du mot écrit et la maîtrise de soi. En racontant ou en écrivant l'histoire de leur vie, plus de six mille hommes et femmes ont ensuite contribué à la tradition du « récit d'esclave » – un genre créé par Olaudah Equiano. La plupart d'entre eux avaient lu son livre et l'avaient pris pour guide. Directement et indirectement, Olaudah Equiano a influencé l'écriture et la pensée d'écrivains noirs américains tels que Frederick Douglass, Booker T. Washington, Zora Neale Hurston, Martin Luther King, Malcolm X. et Maya Angelou.

Voilà plus de deux cents ans que l'autobiographie d'Olaudah Equiano a été publiée. Alors que personne ne lit plus depuis longtemps les récits de propriétaires ou de marchands d'esclaves, celui-là est toujours en librairie et trouve chaque année un public renouvelé à travers le monde. C'est une histoire fascinante d'innocence trahie et de sagesse acquise, de passage de la liberté à l'esclavage et de l'esclavage à la liberté. À travers ces mots, c'est l'esprit indomptable d'Olaudah Equiano qui survit.

Henry Louis Gates Jr.

À PROPOS DE L'ADAPTATION

Lorsque j'ai lu le récit d'Olaudah Equiano, je me suis dit qu'il s'agissait d'une histoire que les enfants aimeraient. Le texte original est direct, vivant, passionnant. Mais c'est aussi un texte du XVIIIe siècle, écrit dans le style de l'époque. Il contient des mots et des expressions qui ne sont plus utilisés aujourd'hui, des phrases extrêmement longues et de nombreux détails mineurs à propos des personnes et des lieux. À l'époque d'Olaudah Equiano, ces détails étaient sans doute très importants pour prouver aux lecteurs qu'il était un personnage authentique et que son histoire était vraie. Aujourd'hui, ils n'offrent plus le même intérêt.

En adaptant ce livre, j'ai modernisé et raccourci certains passages. Pour moi, le moment crucial de l'histoire est celui où Olaudah gagne sa liberté – celui qu'il appelle

« le jour le plus heureux de toute ma vie ». J'ai donc abrégé le texte original d'un tiers pour que l'histoire se termine peu après.

Je voulais que les enfants puissent lire facilement ce récit, tout en conservant la saveur de l'époque de l'auteur et, très souvent, celle de son langage. Mais surtout, je voulais rester fidèle aux aventures et à l'esprit d'Olaudah Equiano. Je n'ai ajouté aucune idée personnelle à son histoire, et je ne l'ai pas romancée, respectant en cela la logique de sa pensée.

Ann Cameron

LE PRINCE ESCLAVE

Prologue

Il est risqué de publier l'histoire de sa vie. Les gens qui le font sont souvent accusés d'être vaniteux. S'ils ont vécu des choses exceptionnelles, on les croit rarement ; si leur histoire est trop ordinaire, les lecteurs s'en détournent avec ennui.

La plupart des expériences que j'ai vécues ont laissé sur moi leur empreinte et influencé mes actes.

Certains événements de ma vie sont arrivés à très peu de gens. D'autres peuvent sembler sans importance.

Mais qu'est-ce qui rend un événement important ? À mon avis, aucun événement n'est vraiment important tant qu'il ne nous sert pas à devenir meilleur et plus sage.

Pour celui qui réfléchit, presque toutes les expériences, et presque toutes les lectures, offrent l'occasion d'apprendre quelque chose. Pour celui qui ne s'interroge jamais, toutes les expériences du monde sont inutiles.

Si j'étais Européen, je dirais que j'ai beaucoup souffert. Mais je suis Africain. Par rapport à d'autres Africains, j'ai peu souffert, et je considère que le ciel m'a particulièrement protégé.

Je n'ai pas écrit mes mémoires par vanité, ni par désir d'immortalité ou de célébrité. Je les ai écrits pour mes amis – d'après qui le monde devrait connaître mon histoire – et dans l'intérêt de l'humanité.

Chez moi

Je suis né dans un village africain, non loin de l'équateur, dans la province d'Essaka, au royaume du Bénin.

À l'ouest, il y avait la Guinée, bordée par l'océan Atlantique, et les ports où abordaient les marchands d'esclaves.

J'étais un enfant. Je n'avais jamais vu l'océan. Je n'avais jamais entendu parler des Blancs, ni des Européens, ni de la mer.

Mon village se trouvait loin à l'intérieur des terres, dans une magnifique vallée fertile. Nous étions des fermiers et des guerriers, et tout le monde, même les gens les plus importants, travaillait. Personne ne mendiait ; chacun avait un toit.

À quelques kilomètres du village, nous cultivions des champs où poussaient des bananes, des ignames, des poivrons, du mil, des ananas et bien d'autres fruits encore.

Nous creusions des petits trous dans les troncs des palmiers pour récolter le délicieux vin de palme dans des calebasses. Nous élevions des vaches, des bœufs, des chèvres et des volailles – pour les manger, et pour les vendre. Nous vendions aussi un sel fabriqué avec des cendres et une terre qui, jetée dans le feu, dégageait une forte odeur sucrée semblable à celle de l'encens.

Les hommes et les femmes se parfumaient avec un mélange d'huile de palme et de poudre de bois délicieusement odorant. Personne ne buvait d'alcool – notre vin de palme était à peine alcoolisé. Les gens fumaient des pipes en terre dont les tuyaux de bois étaient si longs qu'il fallait un ou deux garçons pour les porter.

Les femmes étaient alertes, modestes, gracieuses, et paraient leurs bras et leurs jambes de nombreux bracelets d'or. En plus de leur travail dans les champs aux côtés des hommes, elles faisaient de la poterie et du tissage. Elles utilisaient une baie particulière pour teindre le coton d'un beau bleu. Hommes, femmes et enfants s'habillaient avec cette étoffe bleue. Je suis allé dans de nombreux endroits au cours de ma vie, mais jamais je n'ai retrouvé cette couleur si particulière.

Mon peuple croyait en un dieu – créateur

de toutes choses – qui habitait dans le soleil. Il ne mangeait ni ne buvait, pensait-on, à cause d'une ceinture qui lui serrait la taille. Mais parfois, comme nous, il fumait la pipe.

Nous croyions que ce dieu contrôlait tout ce qui nous arrivait – qu'il décidait de notre mort ou de notre capture au combat. Nous croyions aussi que nos morts nous surveillaient et nous protégeaient des mauvais esprits et des ennemis.

Nous ne nous battions jamais avec les poings ni ne jurions comme les Européens. Les pires expressions que nous utilisions étaient « Va pourrir ! » ou « Qu'une bête t'emporte ! ».

Nous étions très propres, et nos rituels de lavage très nombreux. Quiconque touchait un mort devait se laver et se purifier avant d'entrer dans une maison ou de toucher une autre personne, ou un aliment.

Nous faisions très attention de ne pas nous empoisonner. Chaque fois que nous achetions un aliment, le vendeur devait l'embrasser pour prouver qu'il était sain. Même à la maison, nous embrassions parfois la nourriture, surtout si elle nous était offerte par un étranger.

Nous nous lavions toujours les mains avant de manger. Puis nous versions un peu de nourriture sur le sol, à un endroit particulier, en offrande aux bons esprits qui veillaient sur nous.

Chaque habitant de notre village était poète, musicien et danseur. Nous célébrions les événements importants par des danses, des chants et de la musique composés pour l'occasion. Nous jouions du tambour et d'un instrument à corde semblable à une guitare.

Le nouvel an était notre plus grande fête. Ce jour-là, au coucher du soleil, tout le monde poussait des clameurs en agitant des crécelles afin de faire le plus de bruit possible. Ensuite, on présentait des offrandes aux esprits de nos ancêtres, et les enfants que l'on supposait favorisés par la chance étaient portés à travers le village. J'ai été moi-même porté à travers le village lorsque j'étais petit.

Certaines familles avaient des esclaves. Il s'agissait de prisonniers capturés au combat, ou de personnes coupables d'un crime. Ils travaillaient comme nous, pas davantage ; leur nourriture, leurs vêtements et leurs maisons étaient identiques aux nôtres. Certains de ces esclaves avaient même des esclaves sous leurs ordres, pour les aider. Nous les traitions exactement comme nous, à une exception près : ils n'avaient pas le droit de manger à notre table.

Au village, chaque famille possédait sa terre entourée de fossés et de clôtures de bois ou, parfois, de murs de briques rouges.

Chaque chef de famille avait une épouse, parfois deux, qu'il considérait comme sa propriété. Il avait une maison en bois pour lui, et d'autres pour ses épouses, ses enfants et ses esclaves. Si quelqu'un avait besoin d'une maison, les habitants du village l'aidaient à la construire. La seule chose que l'on attendait en retour, c'était un festin.

Mon père avait beaucoup d'esclaves et sa terre était très grande – elle formait un petit village dans le village, avec des maisons basses au toit de chaume. Les planchers étaient couverts de nattes de roseaux ; les chaises étaient en rondins de bois, et les lits des plates-formes d'un mètre de haut sur lesquelles on étalait des matelas moelleux en fibres de plantains et des peaux d'animaux.

Notre village avait ses sages, des hommes barbus que l'on appelait les « ah-affoe-way-cah ». Les « ah-affoe-way-cah » établissaient le calendrier, prédisaient l'avenir et remplissaient la fonction de médecin : ils soignaient les blessures et guérissaient les gens qui avaient été empoisonnés. Nous les respections et nous les craignions. Quand un « ah-affoe-way-cah » mourait, seuls les autres sages assistaient à ses funérailles. Il était enterré après le coucher du soleil, avec ses outils et ses objets de valeur. Ensuite, les sages rentraient au village par un chemin différent de celui qu'ils avaient pris à l'aller.

Lorsque je suis né, les sages ont déclaré que j'aurais de la chance. On m'a nommé Olaudah, ce qui, dans notre langue, signifie « favorisé par la chance » et « qui parle bien, d'une voix forte ».

Il y avait beaucoup de serpents dans mon pays. Certains, pensait-on, annonçaient des présages. Or, quand j'étais petit, deux énormes serpents, aussi gros qu'une jambe d'homme, se sont introduits une nuit dans la maison de ma mère pendant que nous dormions.

Quand les sages ont appris leur présence sous notre toit, ils ont dit que si je les touchais, ils me porteraient chance. J'ai donc posé la main sur les serpents – qui étaient inoffensifs. Ensuite, nous les avons mis dans un grand chaudron et nous les avons déposés dans la forêt.

Une autre fois, un serpent venimeux a traversé la route et a glissé entre mes pieds sans me toucher, ce qui a surpris tous ceux qui étaient présents. Les sages, ma mère et les habitants du village y ont vu de remarquables présages en ma faveur.

Les villages du Bénin étaient indépendants les uns des autres, et le roi ne les gouvernait pas vraiment. Le seul véritable gouvernement était celui des chefs de villages. On les appelait les « embrenches ». Ils faisaient les lois, réglaient les querelles et punissaient les crimes. C'était un travail important qui consistait à être prince, juge et sénateur à la fois.

Mon père était un « embrenche ». À ce titre, il possédait une marque rituelle particulière. Au cours d'une cérémonie, on lui avait découpé et décollé la peau du front, puis on l'avait remise en place. Cela lui avait laissé une grande cicatrice que l'on appelait la marque de la grandeur.

J'ai vu un de mes frères aînés passer ce rituel pour devenir à son tour un « embrenche ». Et un jour, ce serait à mon tour.

Kidnappé !

Mon village était toujours sur le pied de guerre, prêt à se défendre contre les attaques-surprises d'ennemis venus d'autres régions qui voulaient capturer des prisonniers ou s'emparer d'un butin. Ces attaques se produisaient souvent pendant que nous travaillions dans les champs.

Lorsque nous redoutions une invasion, nous enfoncions des piquets autour de nos maisons, après en avoir trempé les pointes acérées dans du poison. Quiconque marchait dessus mourait.

Les champs se trouvaient à environ deux heures de marche du village. Pour éviter les attaques en chemin, les villageois s'y rendaient en groupes, munis de leurs houes, de leurs haches, de leurs pelles et de leurs armes.

Nous avions des fusils, des arcs et des

flèches, et de larges épées à double tranchant, mais aussi des lances et d'énormes boucliers derrière lesquels un homme pouvait se cacher tout entier.

Les habitants de notre région formaient une véritable armée de volontaires. Même les femmes connaissaient les signaux d'alerte et savaient se servir des armes. Au moindre signal, un coup de feu tiré la nuit par exemple, chacun saisissait ses armes et sortait de sa maison pour combattre.

Les enfants aussi étaient des guerriers. J'ai appris à me battre très tôt. Chaque jour, je m'entraînais à tirer au fusil et à manier la lance. Ma mère me parait d'emblèmes de guerre pareils à ceux des plus grands combattants.

J'étais très jeune quand j'ai assisté pour la première fois à une bataille. Tout le monde travaillait au champ quand soudain on nous a attaqués. Je suis monté dans un arbre pour observer le combat. Il y avait de nombreuses femmes des deux côtés, autant que d'hommes. J'ai vu ma mère se battre en faisant tournoyer son épée.

Ce combat acharné a duré longtemps ; beaucoup de gens sont morts. Mais notre village a gagné, et capturé le chef des ennemis.

Il a été ramené triomphalement au village.

Il a voulu offrir une grosse rançon pour avoir la vie sauve, mais elle a été refusée. On l'a mis à mort, car nous savions que s'il était libéré il reviendrait nous attaquer à la tête d'une nouvelle armée.

Le bras d'une jeune femme ennemie tuée au cours du combat a été suspendu au marché, là où on exposait les trophées de bataille. Puis les guerriers se sont partagé les armes et les biens des vaincus. Ceux qui s'étaient le mieux battus avaient droit à la plus grosse récompense. Et les prisonniers qui n'étaient ni vendus ni libérés contre rançon devenaient nos esclaves.

J'avais cinq frères et une sœur, tous plus âgés que moi. Comme j'étais le plus jeune, j'étais le préféré de ma mère. Je la suivais partout. Quand je l'accompagnais au marché, j'y voyais parfois des étrangers. On les appelait les Oye-Ibo, « les hommes rouges venus de loin ». Ils apportaient toutes sortes de choses que nous n'avions pas : des armes à feu, de la poudre, des chapeaux, des perles, des poissons séchés. Et ils nous les échangeaient contre du bois, de la terre parfumée et contre notre sel fabriqué à partir des cendres.

Ils étaient toujours accompagnés d'esclaves, et on ne les laissait pas traverser le pays avant de savoir comment ils se les étaient procurés. On leur en vendait parfois, mais seulement des prisonniers de guerre ou des gens de notre peuple condamnés pour crime.

Aujourd'hui, je suis persuadé que ces marchands se moquaient pas mal de notre sel et de notre bois. Ce qui les intéressait surtout, c'étaient les esclaves. En offrant des fusils et de la poudre venus d'Europe, ils incitaient les chefs rivaux à poursuivre leurs raids pour faire des prisonniers.

Pendant que les adultes allaient aux champs, nous, les enfants, nous restions en général au village. Les kidnappeurs en profitaient pour nous enlever. Nous avions donc pris l'habitude de poster des guetteurs dans les arbres afin de surveiller leur arrivée.

Un jour, alors que je montais la garde, j'ai vu un kidnappeur entrer dans la cour d'un voisin où des enfants jouaient. Heureusement, j'ai pu donner l'alarme à temps. Les plus grands enfants ont accouru avec des cordes et ils ont ligoté l'étranger jusqu'à l'arrivée d'adultes qui l'ont fait prisonnier.

Quand, peu de temps après, une autre attaque-surprise a eu lieu, il n'y avait pas d'adultes à proximité.

J'avais onze ans. J'étais avec ma sœur unique qui était aussi ma compagne de jeu préférée. Les adultes étaient aux champs. Nous, nous étions restés au village pour ranger la maison.

Deux hommes et une femme ont escaladé le mur de notre cour, se sont emparés de nous en nous bâillonnant pour nous empêcher de crier, et nous ont emmenés dans les bois où ils nous ont attaché les mains. Puis ils ont poursuivi leur chemin en nous portant. À la tombée de la nuit, nous avons fait halte dans une petite maison. Les voleurs nous ont détachés, offert de la nourriture, mais le chagrin et la fatigue nous avaient coupé l'appétit. Heureusement, le sommeil nous a gagné. Pour un court moment, nous avons oublié notre malheur.

Le lendemain matin, nous sommes repartis à travers bois. Quand nous avons débouché sur une route, j'ai aperçu des gens. J'ai appelé à l'aide aussi fort que possible, mais les kidnappeurs ont resserré mes liens, m'ont bâillonné et jeté dans un énorme sac. Ma sœur a subi le même sort.

Le soir, nous avons à nouveau refusé la nourriture qu'on nous offrait. Blottis l'un contre l'autre, nous avons pleuré toute la nuit.

Le lendemain, même le maigre réconfort de pouvoir pleurer ensemble nous a été ôté. Les kidnappeurs m'ont enlevé ma sœur. Accrochés l'un à l'autre, nous les avons suppliés de ne pas nous séparer, mais ils n'ont rien voulu savoir.

Je suis devenu fou de chagrin. Je pleurais à longueur de temps. Et je n'ai rien mangé pendant plusieurs jours, à part ce qu'on m'enfonçait de force dans la bouche.

Projet d'évasion

Nous avons voyagé pendant des jours et des jours. J'ai souvent changé de maître pour être finalement vendu à un chef de tribu, dans une belle région très éloignée de mon village, mais où les gens parlaient notre langue.

Cet homme avait deux femmes et plusieurs enfants. Tous me traitaient extrêmement bien et tentaient de me consoler, surtout la première épouse, qui me considérait comme son fils. Mais le mal du pays me rongeait. Ma mère et mes amis me manquaient terriblement. Je n'osais pas manger avec les enfants, car leur liberté me faisait encore plus regretter la mienne.

Mon nouveau maître était orfèvre. J'étais chargé d'attiser son feu avec un soufflet en cuir afin qu'il puisse fabriquer des objets en or.

Après un mois de captivité, il m'a laissé m'écarter de sa maison. J'en ai profité pour demander le chemin de mon village et quand le soir, aux heures fraîches, j'allais chercher de l'eau à la source avec ses filles aînées, j'essayais de m'orienter.

Au cours de mon voyage, j'avais observé chaque jour l'endroit où le soleil se levait le matin et se couchait le soir. Je savais que la maison de mon père se trouvait vers l'est. J'ai décidé de m'échapper à la première occasion en direction du soleil levant.

Mais pendant que je formais ces plans d'évasion, un malheureux incident s'est produit.

J'avais pris l'habitude d'aider une vieille esclave à faire la cuisine et à nourrir la volaille. Un matin, pendant que je donnais du grain aux poulets, j'ai jeté une pierre qui a atteint un animal en pleine tête et l'a tué.

La vieille esclave s'est vite aperçue qu'il manquait un poulet. Elle m'a interrogé. Comme ma mère m'avait appris à ne pas mentir, j'ai avoué que je l'avais tué.

– Tu vas me le payer ! a-t-elle crié, très en colère.

Puis elle s'est empressée d'aller raconter à notre maîtresse ce que j'avais fait. J'ai eu très peur. On allait sûrement me fouetter.

Je redoutais cette punition. Chez moi, je n'avais presque jamais été battu.

J'ai couru me cacher dans les bois. Peu après, la vieille esclave est revenue avec ma maîtresse. Elles m'ont appelé, mais je n'ai pas répondu. Persuadées que je m'étais enfui, elles ont alerté les voisins pour qu'ils me cherchent.

Dans cette région, comme dans celle de mes parents, les bois étaient si épais qu'on pouvait s'y cacher longtemps sans être découvert. Les villageois les ont fouillés toute la journée. Dès que j'entendais une branche craquer, j'avais peur d'être pris et traîné devant mon maître. Mais personne ne m'a trouvé. Pourtant ils s'approchaient parfois si près de moi que je les entendais parler :

– Il va essayer de rentrer chez lui mais c'est bien trop loin, il n'y arrivera jamais, a dit l'un d'eux.

Le désespoir m'a alors envahi.

Avec la nuit, ma peur a redoublé. J'avais projeté de me mettre en route dès qu'il ferait noir, mais ce que j'avais entendu suffisait à me convaincre que c'était inutile. Même si je réussissais à échapper aux animaux, je n'échapperais pas aux hommes. Et même si je parvenais à échapper aux hommes, j'ignorais quel chemin prendre et je finirais par mourir dans les bois.

Soudain, un bruissement de feuilles m'a fait sursauter. C'étaient sûrement des serpents qui allaient me mordre. Je suis sorti du fourré. J'ai rampé jusqu'à la cuisine de mon maître installée dans un appentis ouvert, et je me suis allongé dans les cendres en souhaitant mourir. Quand, le lendemain matin, la vieille esclave qui se levait la première pour allumer le feu m'a découvert, elle n'en croyait pas ses yeux. Elle a aussitôt couru prévenir notre maître en le priant d'être indulgent.

Il m'a grondé un peu, mais il a donné l'ordre qu'on prenne soin de moi.

Quand l'enfant unique de sa première épouse est tombé malade et qu'il en est mort, mon maître est devenu fou de chagrin. Il se serait tué si son entourage, qui le surveillait de près, ne l'en avait pas empêché.

Quand son chagrin s'est apaisé, il m'a vendu.

Je retrouve ma sœur

Mes nouveaux maîtres m'ont fait traverser des bois lugubres où rugissaient des bêtes sauvages. Ils étaient armés jusqu'aux dents, mais plutôt gentils. Dès que j'étais fatigué, ils me portaient sur leurs épaules ou sur leur dos. La nuit, nous dormions dans des maisons bâties au bord de la route par des marchands et des voyageurs qui l'empruntaient régulièrement.

Le voyage a duré longtemps, si longtemps que j'ai eu le temps d'apprendre deux ou trois nouvelles langues pour communiquer avec ces gens.

Un soir, on a amené une fille dans la maison où nous nous étions abrités. C'était ma sœur ! Dès qu'elle m'a vu, elle a poussé un cri et s'est jetée dans mes bras. Nous avons longuement pleuré, serrés l'un contre l'autre.

Lorsqu'il a compris que nous étions frère et sœur, l'homme à qui nous appartenions nous a laissés ensemble. Il s'est allongé entre nous pour dormir et nous nous sommes tenu la main au-dessus de son corps assoupi. La joie d'être réunis a chassé nos angoisses jusqu'au matin. Mais dès le lever du soleil, ma sœur a été revendue. Elle m'a été arrachée, et mon désespoir a recommencé.

Qu'allions-nous devenir ? Je l'ignorais. Je craignais qu'elle ne souffre encore plus que moi, et je ne serais pas à ses côtés pour l'aider.

Je l'aimais beaucoup. J'aurais enduré n'importe quoi pour elle. J'aurais volontiers échangé ma liberté contre la sienne, si je l'avais pu. Je n'ai jamais cessé de penser à elle : quand j'allais bien, cela me rendait triste et quand j'allais mal, cela me rendait encore plus triste.

Nous venions de passer notre dernière nuit ensemble. Je ne devais jamais l'oublier. Ni jamais la revoir.

Le peuple balafré de Tinnah

Mon maître m'a bientôt revendu moi aussi dans une ville appelée Tinnah. Jamais je n'avais vu un endroit aussi magnifique. La ville était parcourue de petites rivières avec au centre un lac où les gens se lavaient. Il y avait des cocotiers et de la canne à sucre à laquelle je goûtais pour la première fois. En guise de monnaie, les habitants utilisaient des coquillages blancs de la taille d'un ongle.

Une riche veuve m'a acheté contre cent soixante-douze de ces coquillages pour tenir compagnie à son fils unique. Elle m'a emmené chez elle, où l'on m'a lavé. Ensuite, j'ai déjeuné avec son fils, dont je suis devenu le camarade de jeu. La langue parlée à Tinnah était si proche de la mienne que je la comprenais parfaitement. Mon nouvel ami, plus jeune que moi, me traitait avec respect ; jamais il ne commençait à manger avant moi.

Nous étions servis par des esclaves et nous jouions avec des arcs et des flèches, comme à la maison. J'ai vécu ainsi pendant deux mois. Je commençais à me sentir de nouveau heureux, à oublier les choses terribles qui m'étaient arrivées. Je pensais que cette famille allait m'adopter.

Mais un matin, alors que son fils dormait encore, la veuve m'a réveillé et m'a fait sortir de sa maison en vitesse pour me vendre.

Je me suis retrouvé chez des gens qui faisaient la cuisine dans des pots en fer, et avaient pour armes des coutelas et des arbalètes européennes que je voyais pour la première fois de ma vie. Le plus étonnant est qu'ils ne faisaient aucune offrande à dieu, ni aux esprits de leurs ancêtres.

Ils mangeaient sans s'être d'abord lavé les mains et se battaient avec leurs poings. Ils s'ornaient le corps de cicatrices et se limaient les dents en pointes. Ils ont voulu me balafrer moi aussi et me limer les dents, mais je ne les ai pas laissé faire.

Ils m'ont emmené au bord d'un grand fleuve dont la largeur m'a sidéré. Ici les gens ne vivaient pas dans des maisons, mais dans de grandes pirogues où ils rangeaient toutes leurs affaires. De temps en temps, ils plongeaient et nageaient. Les hommes comme les femmes. J'étais très étonné car, dans mon village, personne ne savait nager.

Bientôt, on m'a fait monter à bord d'une pirogue qui s'est mise à avancer sur le fleuve. Cela m'a autant étonné qu'effrayé.

Le soir, quand nous avons accosté, certaines familles ont tiré leurs pirogues sur la berge et allumé des feux. D'autres sont restées sur le fleuve pour y préparer leur repas et passer la nuit. J'ai dormi sur la terre ferme à l'abri de deux nattes de roseaux dressées comme une tente.

Le bateau aux esclaves

C'est ainsi que j'ai voyagé après mon enlèvement pendant six à sept mois, passant de maître en maître, traversant différents pays pour arriver finalement jusqu'à l'océan.

Un bateau au mouillage attendait son chargement. J'étais rempli d'un étonnement qui s'est vite transformé en peur, car on m'a fait monter à bord.

Les hommes de l'équipage avaient une peau bizarre, des cheveux longs, et parlaient une langue très différente de toutes celles que j'avais entendues jusqu'alors. Quelques-uns m'ont donné des coups et m'ont inspecté sous toutes les coutures pour voir si j'étais en bonne santé. J'ai cru me trouver au royaume de mauvais esprits qui allaient me tuer.

J'étais terrifié. J'aurais préféré être dans

la peau du dernier des esclaves de mon pays plutôt que dans la mienne ; si j'avais eu dix mille royaumes, je lui en aurais fait cadeau rien que pour échanger mon sort contre le sien.

En jetant un coup d'œil sur le pont, j'ai aperçu un chaudron en ébullition et des hommes noirs enchaînés ensemble, le visage accablé de chagrin. Épouvanté par cette vision, je me suis évanoui.

Lorsque j'ai repris conscience, les Noirs qui m'avaient conduit à bord étaient penchés sur moi. En attendant d'être payés, ils ont essayé de me réconforter. Sans succès.

Je leur ai demandé si ces hommes blancs aux horribles figures rouges et aux longs cheveux allaient me manger.

– Non, m'ont-ils rassuré.

Un homme blanc m'a apporté un peu d'alcool dans un verre mais, terrorisé, je n'ai rien voulu accepter de sa main. Un Noir lui a alors pris le verre pour me le donner ; j'en ai avalé une gorgée. C'était la première fois que je buvais de l'alcool, et j'ai éprouvé une sensation étrange qui m'a plongé dans l'abattement le plus profond.

Peu après, les Noirs qui m'avaient amené sur le pont ont quitté le bateau en m'abandonnant à mon désespoir. Je n'avais plus aucune chance de retourner chez moi, ni même de regagner la terre ferme.

Les hommes d'équipage m'ont fait descendre au fond d'une cale puante. Deux hommes blancs m'ont proposé à manger mais j'ai refusé. Entre l'odeur épouvantable et les larmes qui m'étouffaient, je me sentais si mal que je ne pouvais rien avaler. J'avais juste envie de mourir.

L'un d'eux m'a alors allongé et ligoté les pieds pendant que l'autre me fouettait. Quand ils m'ont relâché, j'ai voulu me jeter à la mer même si je redoutais l'eau et que je ne savais pas nager. Mais de hauts filets tendus le long du bateau m'en ont empêché. D'ailleurs, les marins ne nous quittaient pas des yeux dès que nous n'étions plus enchaînés dans la cale.

Quelques jours plus tard, j'ai vu des Africains sévèrement flagellés pour avoir tenté de sauter à la mer. Et il ne se passait pas une heure sans que le fouet s'abatte sur l'un de nous qui avait refusé de se nourrir. Cela m'est souvent arrivé.

Dès le premier jour, j'ai découvert des gens du Bénin enchaînés dans la cale. Je les ai interrogés :

– Que vont-ils faire de nous ?

– Ils nous emmènent pour nous faire travailler, m'a expliqué un homme.

– Et ils vivent ici, dans ce bateau ?

– Non, ils ont un pays d'hommes blancs, mais il est très loin.

– Comment se fait-il que personne n'ait jamais entendu parler d'eux dans notre pays ?

– Ils vivent très très loin, a ajouté un autre homme.

– Où sont leurs femmes ? Est-ce qu'ils en ont ?

– Oui, a répondu le premier homme.

– Pourquoi est-ce qu'on ne les voit pas ?

– Ils les ont laissées chez eux.

– Comment le bateau avance-t-il ?

– Nous ne savons pas très bien. Ils attachent du tissu sur ces grands mâts, avec des cordes. Et le vaisseau avance. En plus, ils peuvent l'arrêter quand ils le veulent, par magie.

Ce récit m'a extrêmement surpris et convaincu que les hommes blancs étaient des esprits d'un autre monde. Il fallait les éviter à tout prix. Pourtant, ils me terrorisaient un peu moins maintenant que je savais qu'ils nous emmenaient pour nous faire travailler. Si c'était tout ce qu'ils voulaient de moi, c'était supportable.

Malgré ce que m'avaient assuré les hommes du Bénin, je craignais souvent d'être mis à mort par ces hommes blancs qui me paraissaient si sauvages. Jamais je n'avais vu personne agir avec une telle cruauté et une telle brutalité.

De temps en temps, lorsque nous étions arrêtés au large d'une côte, nous avions la permission de rester sur le pont. C'est ainsi qu'un jour j'ai vu arriver un grand vaisseau toutes voiles déployées. Dès que les hommes blancs l'ont aperçu, ils ont poussé un grand cri qui nous a effrayés. Plus le vaisseau se rapprochait, plus sa silhouette grandissait. Puis soudain l'ancre a été jetée et il s'est arrêté, comme par magie.

Peu après, des chaloupes sont descendues du bateau et se sont dirigées vers nous. Les gens des deux vaisseaux semblaient très contents de se voir. Plusieurs étrangers nous ont serré la main et nous ont fait des signes. Je suppose qu'ils essayaient de nous expliquer que nous allions partir avec eux, mais nous ne comprenions rien.

Quand le chargement a été terminé, les matelots ont préparé le départ en faisant des bruits effrayants. On nous a fait descendre dans la cale où beaucoup d'entre nous sont morts, victimes de l'avidité de nos acheteurs qui nous avaient tellement entassés que nous pouvions à peine bouger. Les chaînes nous écorchaient la peau. En guise de toilettes, nous n'avions que des bacs dans lesquels des enfants tombaient souvent et manquaient se noyer. Entre les odeurs et la chaleur, l'air est vite devenu irrespirable. Nous étions malades. Nous étouffions. Et cette atmosphère fétide, pestilentielle, vibrait heure après heure des cris des femmes et des gémissements des mourants.

Heureusement pour moi, j'ai frôlé la mort de si près qu'on m'a laissé presque tout le temps sur le pont et mon jeune âge m'a épargné d'être enchaîné. Presque chaque jour, des Noirs à l'agonie étaient montés de la cale. J'espérais moi aussi mourir le plus vite possible. Je pensais souvent que les poissons étaient bien plus heureux que moi. J'enviais leur liberté et j'aurais volontiers échangé mon sort contre le leur.

Plus je les voyais agir et plus je trouvais les hommes blancs cruels. Un jour, ils ont pris au filet une énorme quantité de poissons ; ils en ont mangé autant qu'ils l'ont pu puis ont rejeté le reste à la mer, alors que nous les suppliions de nous en donner quelques-uns. Certains de mes compatriotes affamés ont essayé d'en dérober, mais ils ont été sévèrement fouettés.

Leur cruauté ne s'exerçait pas seulement à l'encontre de nous, les Noirs, mais aussi de leurs semblables. Une fois, un marin blanc a été fouetté à mort et jeté par-dessus bord comme un animal.

Pendant notre voyage, j'ai vu pour la première fois des poissons volants passer par-dessus le bateau et certains tomber sur le pont. Pour la première fois aussi, un marin m'a permis de regarder dans un sextant dont j'ignorais l'usage. J'ai vu des nuages poussés par le vent et j'ai pensé qu'ils étaient des terres qui se déplaçaient puis disparaissaient. J'étais persuadé d'être dans un autre monde, un monde empreint de magie.

Vente aux enchères à la Barbade

Un jour, les hommes blancs ont poussé de grands cris de joie en nous faisant des signes. Bientôt, nous avons vu apparaître l'île de la Barbade, son port, et toutes sortes de bateaux, de formes et de tailles variées. Nous avons jeté l'ancre à Bridgetown.

De nombreux marchands et planteurs sont montés à bord. Ils nous ont séparés en groupes et examinés, puis ils ont montré la terre du doigt pour nous indiquer où ils nous emmenaient. Mais nous avons compris que ces hommes horribles voulaient nous battre. Quand nous sommes redescendus dans la cale, nous tremblions de la tête aux pieds.

Toute la nuit, le bateau a résonné de plaintes amères. Si bien que l'équipage est allé chercher des esclaves à terre pour nous calmer. Ils nous ont expliqué que personne n'avait l'intention de nous manger, mais seulement de nous faire travailler. À terre, nous verrions beaucoup de nos compatriotes. Soulagés, nous avons fini par nous endormir. Effectivement, peu de temps après notre débarquement, de nombreux Africains de toutes langues sont venus nous parler.

On nous a conduits dans la cour d'un marchand où nous avons été parqués comme des moutons. Tout était nouveau à mes yeux. Les maisons à étages étaient construites en briques. Elles ne ressemblaient pas à celles d'Afrique. Il y avait aussi, à mon grand étonnement, des gens montés sur des chevaux. Je croyais que c'était encore de la magie. Mais l'un des esclaves m'a affirmé qu'il y avait également des chevaux dans son pays.

Au bout de quelques jours, nous avons été vendus. Cela s'est déroulé de la façon suivante : quelqu'un frappait sur un tambour, les acheteurs se précipitaient alors dans la cour pour choisir le groupe d'esclaves qu'ils préféraient. Ils passaient d'un groupe à un autre, bruyants, avides, et nous étions terrifiés.

Trois frères ont été vendus dans des lots différents. Je me souviens encore de leurs cris lorsqu'on les a séparés. Ils ne se sont probablement jamais revus.

Je l'ignorais alors, mais à l'occasion de toutes ces ventes d'esclaves les parents perdaient leurs enfants, les frères perdaient leurs sœurs, les maris perdaient leurs femmes.

Nous avions déjà perdu notre pays, notre maison, et presque tous ceux que nous aimions. Les acheteurs et les vendeurs auraient pu se débrouiller pour ne pas nous séparer de nos derniers parents ou amis. Notre souffrance et notre labeur ne leur suffisaient-ils donc pas ? Que gagnaient-ils de plus à faire preuve d'une telle cruauté ? Mais c'était leur façon d'agir et ensuite ils allaient à l'église le dimanche, et se disaient chrétiens.

En Virginie

Dorénavant, même le réconfort de parler à des gens de mon pays m'était ôté. Tous mes compatriotes avaient été vendus. Les femmes douces et généreuses qui me lavaient et prenaient soin de moi avaient été dispersées, elles aussi. Je ne les ai jamais revues.

Après la vente, il ne restait que quelques-uns d'entre nous dans la cour du marchand. Nous étions malades et affaiblis par la captivité. Personne n'avait voulu nous acheter.

Du coup, le marchand nous a embarqués sur un sloop[1] en partance pour l'Amérique du nord. Nous y avons été mieux traités que sur celui qui nous avait amenés d'Afrique. On nous a nourris de lard et de riz.

Après avoir quitté la mer et remonté une rivière, le bateau nous a débarqués en

1. Bateau à voiles.

Virginie. Il y avait très peu d'Africains, et personne qui puisse me parler.

Pendant quelques semaines, j'ai arraché des mauvaises herbes et ramassé des pierres dans une plantation. L'un après l'autre, mes compagnons ont été envoyés ailleurs. Je me suis retrouvé seul, encore plus misérable et désespéré qu'avant. Je n'arrêtais pas de pleurer, de me lamenter et de souhaiter la mort.

Durant mon séjour dans cette plantation, le propriétaire est tombé malade. On m'a envoyé près de lui. Lorsque je suis entré dans sa maison, j'ai vu une esclave noire en train de préparer le dîner. Elle portait autour de la tête un étrange appareil en fer qui lui maintenait la bouche fermée. Elle pouvait à peine parler, et ne pouvait ni boire ni manger. Plus tard, j'ai découvert que cette chose horrible s'appelait une « muselière ».

Terrifié, je suis entré dans une pièce où dormait le propriétaire de la plantation. Quelqu'un m'a tendu un éventail et m'a ordonné d'éventer le malade. J'ai profité de son profond sommeil pour observer cette pièce aussi belle qu'étrange. La première chose que j'ai remarquée, c'est une pendule qui bougeait au-dessus de la cheminée. Son bruit m'a étonné ; j'ai craint qu'elle ne dise à ce monsieur que je me conduisais mal.

Puis j'ai aperçu, accroché au mur, un portrait qui semblait me surveiller. J'ai eu encore plus peur. Jamais je n'avais vu une chose pareille. J'ai pensé que c'était encore de la magie.

Mais, comme il ne bougeait pas, j'ai pensé que les hommes blancs préservaient ainsi les gens importants quand ils mouraient. Peut-être, me suis-je dit, offrent-ils de la nourriture aux esprits bienveillants, comme au Bénin. Mais cette pensée ne m'empêchait pas de redouter le tableau. Je suis resté pétrifié de crainte jusqu'à ce que mon maître se réveille et me chasse de la pièce, à mon grand soulagement.

Sauvé !

J'étais au comble de la solitude et du désespoir quand la main invisible et bienveillante de Dieu s'est posée sur moi.

Un capitaine de vaisseau venu passer quelques jours chez mon maître pour affaires s'est pris d'amitié pour moi et m'a acheté. Il s'appelait Michael Henry Pascal, était officier de la Marine royale anglaise, mais commandait un navire marchand, *L'Abeille*. Il voulait m'offrir à des amis en Angleterre. Je crois qu'il m'a payé trente ou quarante livres sterling.

Après la vente, un Noir assez âgé m'a conduit au port à cheval, une façon de voyager inattendue pour moi. Puis on m'a fait monter sur un superbe navire chargé d'une cargaison de tabac et prêt à partir pour l'Angleterre.

À bord, tout le monde était très gentil

avec moi – à la différence des hommes blancs que j'avais rencontrés jusqu'ici. L'équipage m'a donné des voiles pour me coucher et des bonnes choses à manger. J'ai commencé à penser que les hommes blancs n'étaient peut-être pas tous pareils.

Nous avons rapidement levé l'ancre. Je n'avais aucune idée de l'endroit où j'allais, ni pourquoi j'y allais. Mais je connaissais déjà quelques mots d'anglais.

– Où va-t-on ? ai-je demandé.

– On te ramène dans ton pays, m'ont dit des marins.

Je me réjouissais à l'idée de retourner en Afrique. J'aurais tellement de choses à raconter à ma famille ! Mais lorsque les côtes de l'Angleterre ont été en vue, j'ai perdu toutes mes illusions.

Sur l'un des premiers bateaux, on m'avait baptisé Michael ; pour les gens de la plantation, j'étais Jacob. À bord de *L'Abeille*, le capitaine m'appelait Gustave Vasa[1].

Je lui ai dit que je n'aimais pas ce nom.

– Je veux qu'on m'appelle Jacob.

Il a refusé et continué à m'appeler Gustave. Au début, je ne répondais pas à ce nom, mais à force de recevoir des tapes sur la tête, j'ai fini par céder. Depuis, on me connaît sous ce nom.

1. Nom d'un roi de Suède (1495-1560).

Au cours de la traversée, qui fut très longue, les vivres ont commencé à manquer.

– Nous allons te tuer pour te manger, m'ont dit le capitaine et l'équipage.

Ils plaisantaient, mais je les ai pris au sérieux. J'étais très inquiet. Pendant que je me rongeais les sangs, ils ont attrapé un gros requin qu'ils ont hissé sur le pont. J'étais rassuré. Ils allaient le dévorer à ma place ! Mais ils se sont contentés de couper un petit bout de sa queue, puis ils l'ont rejeté à la mer. Toutes mes angoisses m'ont envahi à nouveau.

Il y avait à bord un garçon, plus âgé que moi de quatre ou cinq ans, dont c'était la première traversée. On l'appelait Dick, mais son véritable nom était Richard Baker. C'était un Américain qui avait reçu une excellente éducation, et il se montrait très amical avec moi. Nous sommes vite devenus inséparables ; pendant les deux années qui ont suivi, il a été à la fois mon ami et mon professeur. Bien que sa famille possédât de nombreux esclaves, il était au-dessus des préjugés. Il n'avait pas peur d'être l'ami d'un ignorant, étranger et esclave.

Mon maître, le capitaine Pascal, avait habité chez la mère de Dick en Amérique. Il le respectait énormément et l'invitait à partager ses repas dans sa cabine.

Pour plaisanter, il disait à Dick :

– Demain, je tue Gustave et je le mange !

Puis il me demandait :

– Est-ce que les Noirs ont bon goût ? Est-ce que vous vous mangez entre vous dans ton pays ?

– Bien sûr que non !

– Dans ce cas, c'est Dick que je tuerai en premier, et toi ensuite.

J'ai commencé à m'inquiéter davantage pour Dick que pour moi. Chaque fois que le capitaine l'appelait, je m'assurais qu'il ne s'apprêtait pas à le tuer. Je n'ai été tout à fait rassuré que lorsque nous avons touché terre.

Un soir, au coucher du soleil, d'énormes poissons très effrayants se sont approchés du bateau. J'ai su plus tard que c'étaient des orques. Ils ont frôlé la coque de si près que l'eau qu'ils soufflaient retombait sur le pont. J'ai pensé qu'ils étaient les maîtres des mers. Mais les hommes blancs ne leur ont fait aucune offrande.

« Les poissons doivent être en colère ! » me suis-je dit.

Le vent s'est alors calmé, et le bateau s'est arrêté de tanguer.

« Les poissons ont dû arrêter le bateau ! L'équipage ne va pas tarder à me jeter en offrande pour les apaiser ! »

J'ai couru me cacher à l'avant du navire.

Tremblant de tous mes membres, je jetais de temps en temps un coup d'œil sur le pont. Je me suis aperçu que mon ami Dick me cherchait partout. Quand il m'a trouvé, je l'ai interrogé sur les poissons. Mais je parlais mal l'anglais et il n'a pas compris ma question à propos des offrandes.

– Ces poissons sont capables de dévorer n'importe qui ! m'a-t-il affirmé.

Sa réponse n'avait rien de rassurant.

Le capitaine Pascal, qui observait les poissons depuis la dunette, a appelé Dick auprès de lui.

Dès que celui-ci l'a informé de mes craintes, le capitaine s'est moqué devant tout le monde de mes pleurs et de mes tremblements.

Les matelots ont jeté par-dessus bord un tonneau de poix enflammée afin de détourner l'attention des poissons.

La nuit était tombée. Le tonneau en feu s'est éloigné. À mon grand soulagement, les orques l'ont suivi et je ne les ai plus revus.

L'Angleterre

Après treize semaines de navigation, nous avons touché les côtes de l'Angleterre. Mes craintes d'être mangé ont disparu.

Dès que le bateau a jeté l'ancre à Falmouth, le capitaine a fait embarquer de nouvelles provisions fraîches. Nous en avons fait bon usage ; notre famine s'est transformée en festin.

Chaque jour m'apportait une nouvelle surprise.

Un matin, j'ai découvert le pont couvert d'une épaisse couche blanche. Je me suis précipité chez le second pour le prévenir que quelqu'un avait répandu du sel sur le pont pendant la nuit.

– Prends-en dans ta main, et apporte-le-moi, m'a-t-il ordonné.

J'en ai ramassé une poignée – c'était très froid – et la lui ai apportée.

– Goûte.

J'ai obéi et je suis resté interloqué.

– C'est de la neige, m'a-t-il expliqué. Il y en a dans ton pays ?

– Non, ai-je répondu. Qui la fabrique ?

– Un grand monsieur qui vit dans le ciel. On l'appelle Dieu.

Je ne comprenais toujours rien.

Quand je suis descendu à Falmouth, j'ai été sidéré par les rues pavées et les immeubles en brique. Nous sommes allés à l'église, où j'ai assisté à un service religieux. Mes compagnons m'ont dit qu'ils « vénéraient Dieu, créateur des hommes et de toutes choses ». Dick a essayé de m'expliquer ce que cela signifiait.

L'idée de ce Dieu m'a bien plu. Et le fait que les hommes blancs ne se vendent pas entre eux, comme les Africains, me plaisait aussi. Leur sagesse me surprenait, même si je trouvais bizarre qu'ils ne fassent ni sacrifices ni offrandes, qu'ils ne se lavent pas les mains avant de manger et qu'ils touchent les morts. La minceur des femmes m'étonnait également. Je ne les trouvais pas aussi jolies que nos femmes africaines.

Voir le capitaine et Dick en train de lire me paraissait très étrange. Je brûlais d'envie de parler aux livres comme eux, car je croyais que c'était ce qu'ils faisaient. Je pensais que les livres m'expliqueraient comment toutes les choses avaient commencé. Lorsque j'étais seul, j'en prenais un et je l'approchais de mon oreille en espérant qu'il me réponde. J'ai toujours été très déçu qu'ils restent silencieux.

Nous étions arrivés en Angleterre au début du printemps de l'année 1757. J'avais presque douze ans.

À Falmouth nous logions chez un monsieur qui avait une fille de six ou sept ans. Cette fillette m'aimait beaucoup et nous prenions nos repas ensemble, servis par des domestiques. Sa famille me traitait si bien qu'elle me rappelait celle de mon petit maître africain, celui dont la mère m'avait acheté pour cent soixante-douze coquillages.

Au bout de quelques jours, on m'a renvoyé à bord du bateau. Mais la petite fille pleurait, car je lui manquais. Seul mon retour l'a calmée.

J'avais peur de retourner dans cette maison. Aujourd'hui, cela me paraît ridicule, mais à l'époque je ne connaissais pas les coutumes anglaises et je redoutais qu'on ne m'oblige à épouser cette petite fille. Aussi, quand mon maître m'a proposé de rester à Falmouth pendant qu'il retournait en mer avec un nouveau chargement de tabac, je lui ai déclaré en pleurant que je ne le quitterais pour rien au monde. Alors, une nuit, il m'a fait sortir en cachette de la maison et ramené à bord.

Nous avons fait voile vers l'île de Guernesey, où il nous a confiés, Dick et moi, à la famille de l'un de ses amis. Ce lieutenant avait une petite fille, Mary, âgée de cinq ou six ans, et une femme très gentille qui m'a traité comme si j'étais son fils. Elle nous lavait la figure en même temps. La peau de Mary devenait alors toute rose ; pas la mienne. J'ai essayé de l'éclaircir en la frottant. Rien à faire. Cette différence de couleur commençait à m'embarrasser.

Je suis resté dans cette famille jusqu'à l'été. C'est alors que mon maître a quitté son navire marchand pour reprendre du service dans la Marine royale. Il a été nommé premier lieutenant du *Roebuck* et nous a rappelés près de lui, Dick et moi. Nous avons quitté Guernesey pour rallier l'Angleterre, en guerre contre la France[1].

1. Les Anglais et les Français se livraient une guerre coloniale au Canada pour des raisons économiques.

Les racoleurs

Un sloop nous emmenait à Londres pour rejoindre le *Roebuck*, lorsqu'un navire de guerre s'est approché de nous.

– Ils vont nous enrôler de force ! a crié un membre de l'équipage.

Et tous les hommes ont couru se cacher.

Je ne comprenais pas ce qui se passait, mais je les ai suivis et je me suis glissé derrière une cage à poules.

Les racoleurs sont montés à bord, l'épée à la main. Ils ont fouillé le bateau et embarqué les hommes de force.

Ils ont fini par me trouver, moi aussi, et m'ont soulevé par les pieds pendant que les autres se moquaient de moi.

J'ai hurlé et pleuré aussi fort que j'ai pu. Le lieutenant est venu à mon secours et leur a dit que j'étais trop jeune.

Ils m'ont lâché, mais je ne me suis senti

en sécurité qu'au moment où leur navire s'est éloigné[1].

Peu après, nous avons aperçu le *Roebuck*. À ma grande joie, mon maître est venu à notre rencontre et nous a conduits lui-même à bord.

1. Lorsqu'un navire de guerre manquait de matelots, le capitaine envoyait une équipe kidnapper des hommes à terre ou sur d'autres bateaux. Cet enrôlement forcé s'appelait « la presse » et les membres de ces équipes des « racoleurs ».
Les hommes enrôlés de force étaient parfois obligés de rester trois ans sur le navire de guerre à moins de s'échapper pendant une escale. Cette pratique était autorisée par le roi d'Angleterre, car la marine manquait d'hommes en temps de guerre. Ces hommes ne pouvaient être achetés ni vendus, et finissaient toujours par être libérés et payés pour le travail qu'ils avaient accompli.

En guerre

Le *Roebuck* était un énorme vaisseau plein d'hommes et de canons, mais maintenant j'étais habitué aux Européens. Et plus je les connaissais, moins ils me surprenaient. D'enfant terrorisé, je suis même devenu intrépide. Je brûlais d'envie de vivre une vraie bataille.

Il y avait à bord de nombreux garçons de mon âge. Nous passions beaucoup de temps à jouer ensemble. Mon chagrin s'estompait. J'avais beaucoup souffert, mais j'étais trop jeune pour rester triste bien longtemps.

Un jour, tous les garçons ont été appelés sur la dunette pour se battre. Les matelots voulaient parier sur celui qui gagnerait. Je ne m'étais jamais battu avec un garçon blanc. Quand j'ai reçu sur le nez un coup qui m'a fait saigner, je suis devenu furieux, et je me suis acharné sur mon adversaire jusqu'à ce que l'épuisement nous gagne et que des matelots nous séparent.

Le *Roebuck* est allé deux fois en Hollande, puis en Écosse, et de là dans les îles Orcades où il ne faisait presque jamais nuit. Au large des côtes françaises, le *Roebuck* a pris en chasse des bateaux français que nous avons capturés sans livrer bataille. J'avais appris à accomplir de nombreuses manœuvres, et quelquefois j'ai tiré au canon.

Lorsque nous sommes retournés en Angleterre, mon maître nous a conduits, Dick et moi, à Londres, chez des cousins à lui, M. Guérin et ses deux sœurs.

J'aurais voulu visiter la ville, mais mes pieds n'ont pas résisté au froid et à l'humidité de l'hiver ; ils se sont infectés. Je suis resté plusieurs mois sans pouvoir marcher. Le capitaine Pascal m'a envoyé à l'hôpital Saint-George où les choses ont empiré. Ma jambe s'est infectée à son tour. Les médecins ont voulu la couper plusieurs fois, car ils craignaient que l'infection ne se généralise et me tue.

Mais je préférais mourir plutôt que de perdre une jambe. Grâce à Dieu, je me suis rétabli. Mais comme j'allais sortir de l'hôpital, j'ai attrapé la variole. Heureusement, j'ai guéri assez vite pour rejoindre mon maître et Dick sur un navire de guerre de cinquante canons, le *Preston*.

Bientôt, mon maître a été promu lieutenant sur un navire encore plus gros, le *Royal George*. Dick, lui, ne quittait pas le *Preston* et partait pour la Turquie. Il fallait que je choisisse : rester avec Dick ou suivre mon maître.

Ce dernier m'a conseillé de rester sur le *Preston*, où je pourrais apprendre à jouer du cor, mais je lui ai dit que s'il m'abandonnait, j'en aurais le cœur brisé. Il a finalement accepté de m'emmener avec lui.

Dick et moi sommes tombés dans les bras l'un de l'autre en nous disant au revoir. Nous ignorions que c'était la dernière fois que nous nous voyions.

Le *Royal George* était un navire immense, avec de gros canons en cuivre. Tant qu'il est resté au port, des hommes, des femmes, des enfants et des marchands ont vécu à son bord comme s'il était une ville. On aurait dit un petit monde à part où, une fois de plus, je me retrouvais sans ami puisque j'avais quitté mon cher Dick.

Puis nous avons encore changé de bateau. Tout l'équipage du *Royal George* a rejoint le *Namur*, le vaisseau du vice-amiral Boscawen. Mon maître a été promu sixième lieutenant et nous avons rallié une flotte de navires de guerre en route pour le Canada.

Mais des vents contraires nous ont dérouté et au lieu d'atteindre l'Amérique, nous avons été détournés sur l'île de Tenerife, au large de la côte nord-ouest de l'Afrique. Dès que le temps a changé, nous sommes repartis, et nous avons rapidement gagné Halifax, le port canadien. Nous en avons profité pour manger des quantités incroyables de poisson et embarquer de nouvelles provisions.

D'autres navires de guerre nous ont bientôt rejoints, ainsi que des bateaux transportant des soldats. Devenue gigantesque, la flotte a fait route vers Cap-Breton[1].

Le chef des forces terrestres anglaises, le général Wolfe, était à bord du *Namur*. Il était très gentil avec ses hommes qui l'adoraient et faisait même attention à nous, les mousses. Il m'a sauvé du fouet la fois où je me suis battu avec un jeune « lord ».

Nous avons atteint l'île du Cap-Breton au cours de l'été 1758. Là, les soldats ont débarqué pour attaquer la ville française de Louisbourg.

Mon maître faisait partie des lieutenants qui dirigeaient le débarquement. Avertis de

1. Île située au Canada, à l'entrée du golfe du Saint-Laurent.

notre arrivée, les Français s'étaient préparés à nous recevoir et s'étaient cachés dans des tranchées creusées sur le rivage. Au moment où l'un de nos lieutenants lançait l'ordre d'attaquer, une balle de mousquet français lui a traversé la joue.

Pendant cette bataille, de nombreux soldats ont été tués dans les deux camps. Les Français se sont défendus longtemps, mais les Anglais ont fini par les chasser de leurs positions. Tous nos soldats ont alors débarqué pour les repousser jusqu'à Louisbourg.

Ce jour-là, j'ai tenu dans ma main le scalp d'un roi indien tué au cours des combats. Il s'était battu aux côtés des Français et avait été scalpé par un Écossais. J'ai vu ses insignes royaux. Ils étaient étranges, tout en plumes.

Nos soldats ont fait le siège de la ville tandis que notre flotte tirait sur les navires français amarrés au port. Trois d'entre eux ont entièrement brûlé.

Une cinquantaine de bateaux anglais ont attaqué les deux derniers navires français du port : ils ont incendié le soixante-dix canons, et capturé le soixante-quatre canons.

Louisbourg était tombée. Tous les navires de guerre anglais sont alors entrés dans le port et j'ai assisté au plus beau défilé sur l'eau qu'il m'ait jamais été donné de voir. Nos navires étaient décorés de drapeaux de toutes les couleurs, du pont au sommet du grand mât. Les amiraux et les capitaines avaient revêtu leur tenue d'apparat.

Le vice-amiral Boscawen s'est rendu à terre dans sa chaloupe pavoisée, suivi de tous les officiers par ordre d'importance. Ils ont pris possession du fort et de la ville. Un peu plus tard, le gouverneur français, sa femme et d'autres personnages éminents sont montés à bord du *Namur* pour dîner.

Après la bataille et la célébration de la victoire, j'ai eu beaucoup de temps libre, et j'ai pu me rendre très souvent à Louisbourg. Finalement, nous sommes repartis vers l'Angleterre avec l'amiral Boscawen et une partie de la flotte.

Nous sommes arrivés à proximité de l'Angleterre en hiver. Un soir, nous avons aperçu au loin sept grands navires de guerre. Nous avons été rapidement à leur portée.

– Ce sont des Anglais, ai-je entendu dire autour de moi.

Les deux flottes n'ont pas tardé à se mélanger ; l'amiral nous a ordonné de hisser son pavillon. Mais les autres vaisseaux ont alors hissé des pavillons français, tiré sur nous et déchiré notre grand-voile.

Nous venions d'être attaqués par surprise. Le vent était fort, la mer agitée, et aucun de nos canons n'était chargé. Heureusement, les deux navires anglais qui nous suivaient ont réussi à lâcher une bordée sur les Français.

Nous avons alors préparé le *Namur* au combat. Bientôt, une nouvelle grand-voile était en place, et nous nous lancions à la poursuite des Français malgré leur nombre supérieur. Toute la nuit, et toute la journée du lendemain, nous les avons poursuivis ; sans succès. Nous avons donc pris le chemin du retour, et nous sommes arrivés sains et saufs en Angleterre vers la fin de l'année 1758.

Aventures en mer

Je retrouvais l'Angleterre après deux ou trois ans d'absence. Mon maître continuait à me traiter le mieux du monde ; mon attachement et ma gratitude envers lui étaient sans limite. Je m'étais habitué à la mer et je commençais à me sentir heureux.

Je parlais assez bien l'anglais maintenant et je comprenais parfaitement tout ce qu'on me disait. Non seulement je me sentais à l'aise avec mes nouveaux compatriotes, mais je les appréciais. Je voulais leur ressembler, m'abreuver de leurs pensées, imiter leurs manières. J'observais et apprenais tout ce que je pouvais.

Même au cœur du danger, je n'éprouvais plus cette frayeur qui m'avait saisi lorsque j'avais vu des Européens pour la première fois. Elle n'était que le fruit de mon ignorance. Elle s'était peu à peu évanouie à mesure que je comprenais ce qui se passait autour de moi.

Tout ce que j'avais vécu à bord des navires avait contribué à me rendre intrépide. De ce point de vue, au moins, j'étais presque devenu anglais.

Il y avait longtemps que j'avais envie d'apprendre à lire et à écrire, et notre retour à Londres m'en a offert l'occasion. Mon maître m'a confié aux bons soins de ses cousins, les Guérin, pour qui j'accomplissais de menues tâches. J'étais chargé d'accompagner les demoiselles Guérin quand elles sortaient en ville. J'en étais ravi, car je pouvais ainsi visiter Londres. Mais mon plus grand bonheur a été d'aller à l'école.

Quand les domestiques de la maison m'ont assuré que je n'irais pas au ciel si je n'étais pas baptisé, je me suis inquiété, car je croyais à une vie après la mort. J'ai alors demandé à l'aînée des demoiselles Guérin si je pouvais être baptisé. Mon maître s'y opposait, mais elle l'a persuadé de me le permettre. En février 1759, avec cette demoiselle pour marraine, j'ai été baptisé dans l'église Saint Margaret de Westminster, sous le nom de Gustave Vasa. J'avais quatorze ans.

En avril, lorsque le *Namur* a été prêt à reprendre la mer, mon maître m'a rappelé à bord. Je n'avais pas envie d'y retourner. J'aimais beaucoup mon professeur. Je ne voulais pas quitter Londres, l'école, les demoiselles Guérin. Mais je n'avais pas le choix. Les deux sœurs m'ont fait leurs adieux en me comblant de cadeaux et de conseils amicaux.

Le *Namur* a pris la mer au sein d'une flotte importante, en direction de Gibraltar. Nous y sommes arrivés en onze jours. Pendant que nous étions là-bas, le *Preston* est entré au port. J'allais enfin revoir mon ami Dick ! Malheureusement, j'ai appris qu'il était mort.

Le capitaine du *Preston* a remis le coffre de Dick et toutes ses affaires à mon maître qui me les a données en souvenir de cet ami que j'aimais tant. Je l'ai pleuré comme un frère.

Nous avons quitté Gibraltar pour Barcelone où nous nous sommes approvisionnés. Mon maître, qui parlait plusieurs langues dont l'espagnol, est descendu à terre pour négocier les prix. Il m'a emmené avec lui ; nous sommes restés là plusieurs jours, en compagnie d'autres officiers anglais, sous des tentes plantées le long de la baie.

Nous avons repris la mer et les combats au large des côtes françaises. Un soir que nous étions revenus à Gibraltar faire le plein de vivres, des frégates nous ont envoyé des signaux : la flotte française était en vue ! Nous avons hissé les voiles dans la hâte et la confusion. Certains de nos vaisseaux sont même partis sans leurs chaloupes, d'autres avec deux capitaines à bord, d'autres encore sans capitaine. Nous avons navigué toute la nuit. Au petit matin, sept navires se sont profilés à l'horizon. Vers quatre heures de l'après-midi, nous les avions rejoints. Nous avons dépassé toute la flotte pour attaquer le vaisseau de tête, l'*Océan*, un énorme quatre-vingt-quatre canons. Les Français ont tiré sur nous au passage, mais l'amiral nous a ordonné de nous coucher à plat ventre sur le pont et de garder nos munitions pour l'*Océan*. Dès que nous avons été à sa hauteur, les trois étages de canons ont fait feu en même temps. L'*Océan* a immédiatement riposté.

Pendant la bataille, je me trouvais sur le pont intermédiaire où j'étais chargé, avec un autre garçon, d'apporter de la poudre aux canonniers de l'arrière.

Ce poste était très dangereux, car nous risquions de faire exploser le navire. Le fond des cartouches à canon, souvent rouillé, laissait passer de la poudre qui tombait sur le pont, près des mèches allumées, et nous étions en outre exposés aux tirs de l'ennemi pendant que nous parcourions le navire sur toute sa longueur pour alimenter les canons.

Je m'attendais à être tué d'une minute à l'autre. Les hommes tombaient autour de moi comme des mouches. J'ai failli attendre que les Français rechargent leurs canons pour aller chercher la poudre en toute sécurité, mais j'ai pensé que l'heure de ma mort avait dû être fixée comme celle de ma naissance.

Libéré de la peur de mourir, j'ai accompli ma tâche aussi vite et bien que possible. Si je survivais à cette bataille, j'aurais des histoires à raconter aux demoiselles Guérin !

Beaucoup de mes compagnons ont été brûlés ou mis en pièces et expédiés dans l'au-delà sous mes yeux. Les balles et les éclats de bois volaient autour de moi. Vers la fin de la bataille, j'ai vu qu'on emmenait mon maître, blessé, chez le chirurgien. Malgré mon inquiétude et mon envie de l'aider, je n'ai pas osé quitter mon poste.

Finalement, nous avons fait trois prises et les autres vaisseaux français se sont enfuis. L'*Océan* et le *Redoutable* ont essayé de s'échapper mais ils se sont échoués au cap Lagos, sur la côte sud du Portugal. L'amiral français a débarqué avec une partie de son équipage. Comme il était impossible de dégager ces navires pour les ramener, nous les avons incendiés.

Vers minuit, l'*Océan* a explosé dans un bruit terrifiant, et le ciel est devenu aussi clair que s'il faisait jour.

Le *Namur* avait beaucoup souffert dans cette bataille. Outre le grand nombre de tués et de blessés, le bateau était très abîmé. Tous ses mâts, brisés, pendaient par-dessus bord. Les charpentiers de la flotte ont travaillé d'arrache-pied pour le remettre en état. Quand il a pu naviguer à nouveau, l'amiral en a pris le commandement, et l'a ramené en Angleterre avec les prises.

Dès que les blessures de mon maître ont été guéries, l'amiral Boscawen l'a nommé capitaine de l'*Aetna*. J'ai alors changé de fonction. De mousse, je suis devenu steward du capitaine.

J'aimais beaucoup l'*Aetna*. Tout le monde à bord me traitait bien. J'ai même pu y faire des progrès en lecture et en écriture grâce au secrétaire du capitaine.

L'*Aetna* a rejoint une grande flotte qui devait attaquer La Havane, à Cuba. Entre-temps, le roi d'Angleterre est mort. Je ne sais pas si c'est la raison pour laquelle l'expédition a été annulée. Notre bateau est donc resté à Cowes, dans l'île de Wight, jusqu'au début de l'année 1761. Je me promenais souvent dans l'île dont les habitants étaient très courtois.

Un jour, je marchais dans un champ quand un garçon noir, à peu près de ma taille, s'est précipité à ma rencontre et m'a serré dans ses bras comme un frère.

Nous sommes devenus très bons amis. Je l'ai souvent revu chez mon maître. Puis, en mars, ce dernier a reçu l'ordre de rejoindre une expédition à Belle-Île. Et nous sommes repartis en quête de gloire.

À Belle-Île, mon maître a débarqué du matériel destiné au siège du fort français. Je l'accompagnais en général sur l'île, où un jour, curieux de voir fonctionner de près les mortiers, je me suis approché d'une batterie anglaise. Je les ai vus fonctionner, en effet, mais j'ai bien failli être tué par un obus français qui a éclaté à neuf mètres de moi. J'ai à peine eu le temps de plonger derrière un gros rocher puis de courir pour me mettre à l'abri des mortiers. J'étais loin du bateau. Soudain, j'ai aperçu un cheval. J'ai utilisé la corde que j'avais sur moi pour en faire une bride, et j'ai sauté sur son dos. Il n'avait rien à voir avec les fougueuses montures des Espagnols. C'était le plus mou de tous les chevaux du monde. Ni les obus ni les coups de pied n'ont réussi à le faire courir. Alors que je risquais de mourir d'une seconde à l'autre !

Quand j'ai aperçu un domestique sur un bon cheval anglais, je lui ai crié de me venir en aide. Il a donné un grand coup de fouet à mon cheval qui est parti comme une flèche vers la mer. Je ne pouvais plus l'arrêter, ni le diriger. Il galopait de plus en plus vite, droit sur une falaise qui surplombait l'océan !

Je me suis jeté à terre juste à temps. Lorsque je suis remonté à bord du bateau, j'ai constaté qu'il n'était pas toujours bon de n'avoir peur de rien.

Belle-Île a été prise en juin. De juin 1761 à février 1762, nous avons fait le blocus de la flotte française. Les Français ont tenté de le briser par deux fois en profitant de la marée pour laisser filer vers nos navires des bateaux enflammés reliés par des chaînes. Mais chaque fois nous avons envoyé, dans des chaloupes, des hommes munis de grappins pour les détourner. Quelques attaques nous ont permis de faire des prises.

Au cours de l'été 1762, nous sommes allés faire réparer l'*Aetna* à Portsmouth. En octobre, nous sommes passés par Guernesey, où j'ai revu les vieux amis chez qui j'avais habité quand j'avais débarqué en Angleterre, et la petite Mary qui m'aimait tant.

Puis je suis retourné à Portsmouth où nous sommes restés jusqu'à la fin du mois de novembre. C'est alors qu'on a commencé à entendre parler de paix.

Trahi !

La guerre a pris fin au début du mois de décembre 1762. On nous a donné l'ordre de regagner Londres pour désarmer le bateau. En plus de nos salaires, nous toucherions une part des prises – de l'argent versé par la Marine royale pour tous les navires français capturés qui avaient été réarmés ou vendus.

À l'annonce de la paix, nous avons tous poussé des cris de joie et des hourras ! J'avais presque dix-sept ans, et je ne pensais qu'à être libre et à gagner de quoi m'offrir une bonne éducation.

Si le capitaine Pascal ne m'avait jamais promis la liberté, il m'avait toujours traité avec beaucoup d'égards. Il s'était même préoccupé de ma moralité. Il ne m'avait jamais permis de le décevoir ni de raconter des mensonges. « Si tu agis ainsi, Dieu ne t'aimera plus », me disait-il lorsqu'il voulait me mettre en garde. Jamais je n'aurais pu imaginer qu'il me garderait contre ma volonté.

À bord de l'*Aetna*, il y avait un autre steward, Daniel Queen, qui m'avait appris à raser la barbe et couper les cheveux. Nous lisions la Bible ensemble. Il nous est souvent arrivé de passer des nuits entières à parler. Je lui racontais les coutumes de mon pays, que je trouvais souvent très proches de celles des Juifs de la Bible.

J'aimais Daniel Queen comme un père. Dès que je gagnais un peu d'argent aux billes contre les autres garçons, ou en rasant quelqu'un, je lui achetais du sucre ou du tabac.

Daniel m'avait dit qu'on ne se quitterait jamais. Quand notre bateau serait désarmé, je serais aussi libre que lui ou n'importe quel homme à bord. Nous irions à Londres ; je pourrais vivre avec lui ; il m'enseignerait son métier et je gagnerais bien ma vie.

Ses promesses m'avaient donné du courage. Je brûlais d'impatience d'être libre. Et les quelques jours qui me séparaient de cette liberté me semblaient très longs !

De Portsmouth, nous avons fait voile vers la Tamise. Nous sommes arrivés à Deptford le 10 décembre, à marée haute. Nous avions à peine jeté l'ancre que mon maître a soudain donné l'ordre de préparer son canot, et m'y a fait descendre de force.

– Tu veux me quitter ! a-t-il crié du pont. Mais je n'ai pas dit mon dernier mot !

J'étais si abasourdi que j'ai mis un moment avant de répondre :

– Mais il faut que j'aille chercher mes livres et mon coffre !

– Si tu bouges, je te coupe la gorge ! a-t-il déclaré en tirant son sabre de son fourreau.

Prenant mon courage à deux mains, j'ai dit :

– Je suis un homme libre. Conformément à la loi vous devez me traiter comme tel !

Il est devenu encore plus furieux.

– Tu vas voir ce que je dois faire ou pas ! a-t-il hurlé en sautant du navire dans le canot.

Tout l'équipage médusé le regardait.

Malheureusement pour moi, la marée venait de s'inverser. Elle nous a entraînés jusqu'à un groupe de bateaux en partance pour les Caraïbes[1]. Mon maître était fermement décidé à me faire partir avec le premier qui accepterait de me prendre à son bord.

1. Qu'on appelait à l'époque « Indes Occidentales » du nom donné par Christophe Colomb aux territoires américains qu'il découvrit lors de son premier voyage (1492), croyant avoir atteint le littoral asiatique.

Les matelots ramaient à contrecœur. Ils m'auraient bien déposé sur la rive, mais le capitaine ne l'aurait pas permis. Quelques-uns ont essayé de me réconforter.

– Il ne peut pas te vendre ! On est avec toi !

Cela m'a redonné un peu d'espoir.

Le capitaine a demandé à plusieurs bateaux de m'embarquer. Tous ont refusé.

Peu après Gravesend, nous avons accosté un navire qui attendait la marée suivante pour prendre la mer en direction des Caraïbes. Il s'appelait la *Charmante Sally*, et son capitaine James Doran.

Mon maître est monté à bord pour discuter avec lui. Un peu plus tard, on m'a envoyé chercher.

Je suis entré dans la cabine du capitaine.

– Tu me connais ? m'a-t-il demandé.

– Non, ai-je répondu.

– À partir de maintenant, tu es mon esclave.

– Mon maître ne peut pas me vendre, pas plus à vous qu'à un autre !

– Pourquoi ? Ton maître ne t'a-t-il pas acheté ?

– Si. Mais je l'ai servi pendant de nombreuses années, et il a pris tous mes gages, et l'argent des prises, et je n'ai reçu que six pence pendant la guerre. En plus, je suis baptisé. D'après les lois de ce pays, personne n'a le droit de me vendre.

J'ai ajouté que j'avais entendu un avocat, ainsi que d'autres gens, le répéter à plusieurs reprises à mon maître.

– Même si tu avais gagné dix mille livres avec les prises, j'aurais le droit de les garder, et je l'aurais fait ! a affirmé mon ancien maître.

– Les gens qui t'ont dit que ton maître n'avait pas le droit de te vendre ne sont pas tes amis, a alors déclaré le capitaine Doran.

– Il est regrettable que les autres ne connaissent pas la loi aussi bien que vous, ai-je répliqué.

– Tu parles trop bien anglais ! m'a coupé le capitaine Doran. Si tu continues tes impertinences, j'ai les moyens de te mater !

Je n'en doutais pas. Il était le plus fort, je le savais. Je me suis alors souvenu de mes souffrances sur le bateau d'esclaves, et j'ai frémi intérieurement.

– Puisque je ne peux pas obtenir justice des hommes, j'espère que je l'obtiendrai du Ciel.

Sur ces mots, je suis sorti de la cabine, plein d'amertume et de chagrin.

Lorsque je suis monté sur le pont, mes camarades m'ont dit de ne pas désespérer.

– Ce bateau fait escale à Portsmouth pour

attendre une escorte. Dès que nous aurons reçu notre paie, nous viendrons te chercher. Et nous te ramènerons !

Après avoir rapidement conclu son affaire avec le capitaine Doran, mon maître m'a rejoint. Il m'a fait ôter mon manteau, le seul que j'avais, et me l'a pris.

J'avais environ neuf guinées en poche, tout l'argent que j'avais réussi à économiser pendant mes années en mer. Je les ai aussitôt cachées. J'en aurais besoin si j'arrivais à m'enfuir.

Le capitaine et mes camarades de l'équipage sont repartis à bord du canot. La mort dans l'âme, je les ai suivis des yeux aussi longtemps que j'ai pu.

Derniers espoirs d'être sauvé

J'ai d'abord versé des larmes amères. Puis j'ai pensé que j'avais dû déplaire à Dieu pour que sa punition soit si sévère. En réfléchissant à ma conduite passée, je me suis souvenu que le matin de notre arrivée à Deptford, je m'étais dit : « Quand nous serons à Londres, je jure que je passerai une journée entière à prendre du bon temps. »

J'étais puni pour avoir juré. J'ai imploré le pardon de Dieu et je l'ai supplié de ne pas m'abandonner.

Mon chagrin s'est peu à peu apaisé. J'ai songé que les épreuves et les déceptions nous étaient parfois envoyées pour notre bien. Dieu avait peut-être voulu me donner une leçon de sagesse et de résignation.

Ces pensées m'ont apporté un léger réconfort. Je me suis relevé, le visage marqué par le chagrin et l'abattement, mais avec le faible espoir que Dieu me délivrerait.

Peu après, mon nouveau maître m'a fait appeler :

– Tiens-toi bien, et fais ton travail avec autant de soin que les autres garçons. Tu n'en seras que mieux traité.

Je n'ai pas répondu.

– Tu sais nager ? m'a-t-il demandé.

– Non.

On m'a fait descendre sous le pont pour m'examiner soigneusement. Le bateau a profité de la marée pour lever l'ancre en direction de Portsmouth où il devait attendre l'arrivée du convoi pour les Caraïbes.

Résolu à ne pas me laisser la moindre chance d'évasion, le capitaine a donné l'ordre qu'aucun bateau n'accoste la *Charmante Sally*. Lorsqu'il est revenu avec son propre canot, celui-ci a été immédiatement hissé à bord.

J'ai tout tenté pour aller à terre.

Un des matelots m'a promis une chaloupe contre une guinée. J'ai passé des heures à l'attendre sur le pont. En vain. Je n'ai pas vu l'ombre d'une chaloupe – et je n'ai jamais revu mon argent.

Pire, ce matelot avait averti ses camarades que je voulais m'échapper, mais sans leur dire qu'il m'avait offert son aide contre une guinée. Une fois au large, je leur ai raconté son stratagème et, à partir de ce moment-là, tout le monde l'a méprisé.

J'espérais toujours que mes anciens camarades n'oublieraient pas leur promesse de venir me chercher à Portsmouth. La veille du jour où nous devions prendre la mer, certains sont effectivement venus. Ils m'ont envoyé des oranges et des cadeaux accompagnés d'un mot me disant qu'ils reviendraient le lendemain, ou le surlendemain.

Une dame, autrefois très proche de mon ancien maître, m'a elle aussi envoyé une lettre. Elle m'annonçait qu'elle allait m'arracher à ce navire et me prendre à son service.

Mais le lendemain matin, le 13 décembre 1762, la frégate *Éole*, qui escortait le convoi, a donné le signal du départ. Tous les vaisseaux ont levé l'ancre. Avant qu'aucun de mes amis ait pu m'aider, notre navire était au large.

Tous mes espoirs s'envolaient ! J'étais prisonnier, impuissant. Les yeux pleins de larmes, j'ai regardé la terre s'éloigner.

J'aurais voulu ne jamais être né.

Terre d'esclavage

Peu à peu, mon agitation a laissé la place à des pensées plus sereines. J'ai compris qu'aucun mortel ne pouvait lutter contre son destin.

Nous avons navigué sur des eaux calmes pendant six semaines. Le 13 février 1763, nous sommes arrivés au large de l'île de Montserrat, notre destination. À la vue de cette terre d'esclavage, mon cœur s'est glacé. Je me suis souvenu de mon ancienne condition d'esclave, des souffrances, des coups de fouet, des chaînes. J'ai supplié Dieu de me foudroyer sur place plutôt que d'être à nouveau vendu de maître en maître.

Notre navire a jeté l'ancre. On m'a ordonné d'aider au déchargement de la cargaison. J'ai appris ce que c'était de travailler dur sous le soleil impitoyable des Caraïbes. D'énormes vagues nous secouaient si fort que nous avions l'impression d'avoir les os brisés. Non seulement j'ai eu le corps meurtri, mais je me suis fait voler mon argent par deux marins qui se sont enfuis.

Un matin, le capitaine Doran m'a fait venir à terre. Son messager m'a appris qu'il avait décidé de mon sort.

Quand je me suis présenté à lui, il était en compagnie d'un certain Robert King, le plus gros marchand de Montserrat.

– Ton maître, le capitaine Pascal, t'a envoyé ici pour être vendu, m'a annoncé le capitaine Doran, mais comme tu es un garçon très méritant, il m'a chargé de te trouver le meilleur des maîtres. J'ai constaté en effet que tu avais des qualités. Si je restais aux Caraïbes, je te garderais avec plaisir. Mais je ne veux pas te ramener à Londres. Tu en profiterais pour me quitter.

J'ai éclaté en sanglots en le suppliant de me laisser retourner en Angleterre. Il n'a rien voulu savoir.

– Tu auras le meilleur de tous les maîtres de l'île de Montserrat. Tu seras aussi bien ici qu'en Angleterre. J'aurais pu te vendre beaucoup plus cher à mon beau-frère, mais tu seras plus heureux avec M. King.

– Je t'achète parce que tu as de bonnes références, a déclaré mon nouveau maître. Tu seras très bien traité chez moi.

Il m'a expliqué qu'il ne vivait pas aux Caraïbes, mais à Philadelphie où il comptait retourner bientôt. Puisque je connaissais un peu d'arithmétique, il m'enverrait à l'école dès que nous y serions, et ferait de moi un employé de bureau.

Cette conversation m'a un peu soulagé. J'ai quitté les deux hommes en éprouvant de la gratitude envers le capitaine Doran, et même envers le capitaine Pascal, mon ancien maître, pour avoir parlé de moi en termes élogieux.

Je suis retourné à bord dire au revoir à tous mes camarades. Le lendemain, le navire a levé l'ancre. Dès qu'il a été hors de vue, j'ai été envahi d'une telle tristesse que je ne parvenais plus à relever la tête. Si M. King n'avait pas été aussi gentil avec moi, je serais mort de chagrin.

Je n'ai pas tardé à découvrir en lui un maître aussi bon que l'avait dit le capitaine Doran. Si un esclave commettait une faute, il ne le battait pas ni ne le maltraitait, il le vendait. Les autres faisaient donc très attention de ne pas lui déplaire. Personne sur l'île ne traitait mieux ses esclaves que M. King ; en retour, il était le mieux servi, et le plus fidèlement.

Grâce à sa bonté, j'ai fini par me résoudre à affronter ce que le destin me réservait.

M. King n'avait pas l'intention de me traiter comme un esclave ordinaire. Il m'a demandé ce que je savais faire. Je lui ai répondu que je connaissais un peu la navigation, que je comprenais assez bien l'arithmétique, que je savais écrire, raser la barbe et couper les cheveux.

M. King faisait le commerce de toutes sortes de choses. Il chargeait plusieurs navires par an, surtout depuis Philadelphie, où il était né. Il possédait des bateaux de tailles différentes, dont des canots qui effectuaient le tour de Montserrat pour récupérer le rhum, le sucre et d'autres produits.

Comme je savais ramer et barrer, c'est le premier travail qu'il m'a confié pendant toute la saison de la canne à sucre. Il m'arrivait de ramer jusqu'à seize heures par jour. J'avais droit à quinze pence quotidiens, parfois seulement dix, pour manger. C'était peu, mais plus que ce que touchaient les autres esclaves.

Ces esclaves appartenaient à d'autres « messieurs » de l'île qui les louaient à M. King pour trois ou quatre shillings par jour. Mais leurs maîtres leur donnaient rarement plus de six pence par jour pour acheter leur nourriture.

Parfois les maîtres refusaient de verser aux esclaves la part qui leur revenait, et les fouettaient s'ils osaient la réclamer. Il arrivait aussi que les esclaves soient chargés de collecter eux-mêmes les quatre shillings dûs à leur maître. Le dimanche, leur seul jour de congé, les hommes qui les avaient loués les faisaient attendre des heures avant de les payer. Et lorsque les malheureux apportaient enfin l'argent à leurs maîtres, ceux-ci les battaient pour les punir de leur retard. C'est ainsi qu'un esclave de ma connaissance a reçu cinquante coups de fouet.

M. King louait souvent, pour deux shillings et demi par jour, des esclaves qu'il nourrissait lui-même car il savait que leurs maîtres ne leur donnaient pas assez à manger pour assurer le rude travail exigé. En retour, ces esclaves le préféraient à tous les autres propriétaires d'esclaves de l'île.

De nombreux esclaves ne parvenaient jamais à obtenir l'argent dû à leurs maîtres. De peur d'être fouettés s'ils revenaient les mains vides, ils se sauvaient. Leurs maîtres offraient alors une récompense à qui les retrouverait morts ou vifs. Dans ce cas-là, M. King s'arrangeait pour les racheter ; il en a sauvé ainsi un grand nombre du fouet et de la mort.

Dans certaines plantations où mon maître m'envoyait chercher du rhum et du sucre, les propriétaires refusaient de servir directement un esclave noir. Un homme blanc, payé par mon maître entre six et dix shillings par jour, m'y accompagnait. Et c'est à lui qu'on remettait la marchandise.

C'est ainsi que j'ai découvert comment étaient traités les esclaves les plus pauvres et que j'ai pris conscience de la chance que j'avais d'avoir M. King comme maître.

Il était content de moi. Je travaillais souvent à bord de ses bateaux où je recevais ou livrais des marchandises. Il m'arrivait aussi de le raser, de le coiffer, de m'occuper de son cheval. Un jour, il m'a dit que grâce à moi il économisait plus de cent livres par an, et que je lui étais plus utile que n'importe lequel de ses employés blancs. Mais ses employés, eux, gagnaient chacun une soixantaine de livres par an.

Certains prétendent qu'un esclave ne rapporte jamais à son maître l'argent qu'il lui a coûté. Dans ce cas, pourquoi ces messieurs continuent-ils à acheter des esclaves ? Ce n'est pas logique. Ceux qui disent cela sont, bien sûr, les premiers à défendre le commerce des esclaves.

En fait, rien n'est plus faux. Quatre-vingt-dix pour cent de la main-d'œuvre qualifiée des Caraïbes est assurée par les esclaves noirs, et la plupart rapportent au moins deux livres par jour à leur maître. J'ai connu beaucoup d'esclaves que leurs maîtres n'auraient pas cédés pour mille livres.

Plusieurs « messieurs » qui ne nourrissaient ni n'habillaient leurs esclaves ont offert cent livres à mon maître pour m'avoir ; il a toujours refusé de me vendre. Chaque fois qu'on lui faisait une offre, je redoublais de zèle pour éviter de tomber entre leurs mains. Beaucoup de ces propriétaires trouvaient scandaleux que mon maître nourrisse si bien ses esclaves. Il leur répondait que, bien nourris, ils avaient meilleure allure et travaillaient davantage. Et pourtant, j'avais souvent faim.

Témoin

Pendant que j'étais chez M. King, j'ai visité une quinzaine d'îles des Caraïbes et vu beaucoup d'atrocités.

On me confiait souvent des cargaisons de nouveaux esclaves à vendre. Les employés blancs les maltraitaient et abusaient des femmes et des filles. J'étais témoin de ces atrocités, mais je ne pouvais rien faire. De telles choses arrivaient même sur les navires de mon maître.

Un certain monsieur D. m'a raconté qu'il avait vendu dans sa vie quarante et un mille Noirs, et coupé, un jour, la jambe d'un homme qui avait tenté de s'échapper.

– Mais si cet homme était mort à cause de cette amputation, comment vous, qui êtes chrétien, auriez-vous pu en répondre devant Dieu ? lui ai-je demandé.

– C'est une question d'un autre âge, a-t-il répondu. Moi, j'obéis à mes principes.

Je lui ai rappelé que Jésus avait dit : « Ne fais aux autres que ce que tu voudrais qu'ils te fassent. »

– Mais cela a porté ses fruits ! m'a-t-il répondu sans la moindre honte. Cela a ôté aux autres l'envie de fuir.

De nombreux propriétaires d'esclaves ne vivaient pas sur leurs plantations. Ils en confiaient la direction à des contremaîtres qui traitaient les Noirs comme des animaux, et les laissaient dormir sous des appentis ouverts et humides où ils attrapaient toutes sortes de maladies.

J'ai vu un esclave être à moitié pendu, puis brûlé, pour avoir tenté d'empoisonner un contremaître cruel. Des brimades répétées l'avaient poussé au désespoir. Là-bas, on assassinait les esclaves parce qu'ils étaient assez humains pour vouloir mettre fin à leur souffrance et se révolter contre leurs tyrans.

Il n'est donc pas étonnant que, chaque année, les Caraïbes aient eu besoin de vingt mille nouveaux Noirs pour remplacer ceux qui mouraient.

J'ai vu un Noir se faire briser les os parce qu'il avait laissé une casserole déborder.

J'ai vu des esclaves être marqués au fer du nom de leur maître, et porter autour du cou de gros crochets auxquels étaient fixés des instruments de torture, des vis, ou même une muselière.

Il n'était pas rare qu'après avoir été fouetté, un esclave soit obligé de se mettre à genoux devant son maître et de lui dire : « Que Dieu vous bénisse. »

À plusieurs reprises, j'ai rencontré des esclaves mariés à des femmes esclaves d'autres plantations, et contraints de marcher des heures pour les retrouver le soir.

– Pourquoi n'avez-vous pas épousé des femmes de la même plantation que vous ? leur ai-je demandé.

– Parce que si le maître ou la maîtresse veulent punir une femme, ils la font fouetter par son mari. Et nous ne pouvons pas le supporter.

J'ai vu des esclaves pesés et vendus au poids, à trois pence la livre. J'ai vu séparer des maris de leur femme, et des enfants de leurs parents, pour les envoyer travailler sur des îles différentes. Ils ne se revoyaient jamais.

J'ai vu bien des cruautés pires encore, mais si je les racontais toutes, le catalogue deviendrait vite écœurant ou lassant.

Je ne crois pas que les marchands d'esclaves soient nés plus mauvais que les autres hommes. C'est le commerce des esclaves et l'avidité qu'il engendre qui ont endurci leur âme et tué leur aptitude à la bonté. Si ces hommes avaient suivi une autre voie, ils seraient peut-être devenus aussi généreux, justes et sensibles qu'ils sont devenus insensibles, rapaces et cruels.

Le commerce des esclaves viole les premiers droits naturels de l'homme – la liberté et l'égalité. Il donne au propriétaire d'esclaves un pouvoir surhumain et rabaisse l'esclave au rang d'une bête.

Souvent, j'ai eu envie de dire aux marchands d'esclaves :

« Lorsque vous réduisez des hommes à l'esclavage, vous les privez de la moitié de leur vertu. Votre exemple les incite à la supercherie, au pillage, à la cruauté. Vous les volez, et vous les forcez à travailler pour vous et à vivre dans un état permanent de révolte. Et vous vous plaignez ensuite qu'ils ne soient ni honnêtes ni fidèles !

Vous les abrutissez à force de coups de fouet, vous les laissez dans l'ignorance. Et vous dites ensuite que leurs cerveaux sont imperméables à la culture. Pourquoi utiliser vos instruments de torture sur des hommes tout aussi capables de raisonner que vous ? N'avez-vous pas honte de rabaisser ainsi des êtres humains ? Et ne voyez-vous pas le danger de cet état de fait, vous qui ne passez pas une heure sans redouter leur vengeance ?

Si vous accordiez leurs droits aux Africains, toute crainte s'évanouirait. Ils seraient fidèles, intelligents, honnêtes et vigoureux, et vous vivriez dans la paix, le bonheur et la prospérité. »

Certaines personnes prétendent que si l'esclavage était aboli, ce serait une grosse perte d'argent pour l'économie de l'Angleterre. Je crois qu'au contraire il y va de l'intérêt des industriels anglais d'œuvrer pour l'abolition de l'esclavage. Si les Africains avaient le droit de rester en Afrique et de faire du commerce, ils échangeraient le coton, l'indigo et des richesses minières encore inconnues contre des meubles, des vêtements et des produits fabriqués en Angleterre. L'abolition de l'esclavage ne serait une perte que pour une poignée d'industriels : ceux qui fournissent les jougs, colliers, chaînes, menottes, entraves, coins, fouets, muselières et cercueils.

Le gobelet de verre

En 1763, la chance m'a souri. J'avais alors dix-huit ans.

L'un des navires de M. King, un sloop de soixante tonneaux, transportait des passagers d'île en île. Il était commandé par le capitaine Thomas Farmer, un homme très efficace qui a fait gagner beaucoup d'argent à mon maître, même si bon nombre de ses matelots se saoulaient régulièrement ou s'enfuyaient.

Le capitaine Farmer m'avait pris en amitié et il demandait souvent à mon maître de m'autoriser à naviguer avec lui. Un jour, ce dernier a fini par y consentir, en lui recommandant toutefois de ne pas me laisser échapper. Sinon, il le paierait cher.

Après quelques courtes traversées, le capitaine m'a trouvé si bon marin qu'il a voulu me garder près de lui.

– Gustave est plus efficace que trois Blancs ! a-t-il déclaré à mon maître.

Et il avait raison. Les Blancs buvaient beaucoup et fracassaient le bateau contre les rochers à l'accostage afin de retarder le départ suivant et de s'offrir du bon temps pendant les réparations.

Mon maître avait besoin de moi à terre, mais il a fini par me donner le choix : être esclave sur terre, ou sur mer.

J'étais très heureux de reprendre la mer. Cela m'offrait une chance de gagner un peu d'argent, de manger mieux et peut-être même de fuir.

J'ai bientôt décidé de mettre mes talents de marchand à l'épreuve. C'était risqué car je n'avais que trois pence. Si je les perdais, il ne me resterait plus rien. Mais j'avais confiance en Dieu, il m'aiderait.

Avec mes trois pence, j'ai acheté un gobelet en verre sur l'île hollandaise de Saint-Eustache. Je l'ai revendu six pence à Montserrat.

Au voyage suivant, j'ai acheté deux gobelets pour six pence. Je les ai revendus le double, soit un shilling, à Montserrat. Un mois plus tard, j'avais une livre en poche. J'ai rendu grâce à Dieu d'être devenu si riche.

J'ai alors décidé de gagner davantage.

J'avais pour ami un vieux Noir qui travaillait sur notre bateau. Avec notre argent mis en commun, nous avons acheté des oranges et des citrons pour les vendre sur l'île de Santa Cruz. Il a acheté un sac de fruits. J'en ai acheté deux – pour six shillings – sachant que je les revendrais dix-huit shillings.

Mais à Santa Cruz, deux soldats blancs nous ont pris nos sacs. Nous avons d'abord cru à une plaisanterie. Nous les avons suivis, en les suppliant de nous les rendre, jusqu'à une maison proche du fort où ils sont entrés et dont ils nous ont claqué la porte au nez. Nous avons frappé.

Ils nous ont insultés et menacés.

– Déguerpissez ! Si vous ne partez pas immédiatement, vous serez fouettés !

– Mais ces fruits sont tout ce que nous possédons ! Nous venons de Montserrat, nous sommes sur ce bateau, ai-je dit en le montrant du doigt.

Je venais de commettre une erreur. Ils savaient maintenant que nous étions des étrangers, et des esclaves.

Ils ont continué à nous injurier en nous menaçant avec des bâtons. Nous sommes partis, désespérés. Au lieu de posséder vingt-sept shillings, nous n'avions plus rien ! Il ne me restait plus qu'à repartir de zéro.

Nous sommes allés nous plaindre au commandant du fort, à qui nous avons décrit la façon dont ses hommes nous avaient traités. Mais il a empoigné son fouet en nous accablant d'injures. Et nous sommes ressortis beaucoup plus vite que nous n'étions entrés.

Indignés, nous sommes retournés devant la maison réclamer nos fruits à grands cris. Des gens ont fini par en sortir et nous ont rendus deux sacs. Ils ont gardé celui du vieux Noir, qui contenait un mélange d'oranges et de citrons. Je me suis emparé de mes deux sacs et j'ai pris mes jambes à mon cou. Mon ami a continué à les implorer de lui rendre son bien. En vain.

Quand il m'a rejoint, il se lamentait si fort sur la perte de son sac qu'ému, je lui ai donné un tiers de mes fruits.

Nous sommes allés au marché où nous avons fait une très bonne affaire. J'ai gagné trois livres soixante-dix. Un tel revirement de fortune a affermi la confiance que j'avais en Dieu.

L'horreur des Caraïbes

Comparés aux Caraïbes, tous les endroits que j'avais connus étaient des paradis et il ne s'écoulait pas une heure sans que je regrette la liberté que j'avais connue en Angleterre.

Je croyais à la destinée. Si le destin voulait que je devienne un homme libre, je le serais un jour, aussi désespérée que soit ma situation actuelle. Je priais Dieu de me rendre la liberté et je tentais par tous les moyens honnêtes de l'obtenir.

Quatre années durant, j'ai accompagné le capitaine Farmer d'île en île en faisant du commerce. J'ai ainsi gagné quelques livres. Le capitaine Farmer était au courant. Parfois cela semblait le rendre envieux et il se mettait en colère contre moi.

Chaque fois que cela se produisait, je lui affirmais que, s'il me traitait mal, je cesserais de naviguer avec lui ; que je mourrais plutôt que de connaître le sort des autres esclaves noirs. Pour moi, déclarais-je, « la vie sans liberté n'a aucun sens ». Quand je lui parlais ainsi, il se radoucissait. Il ne supportait pas l'idée que je le quitte. Je m'occupais bien de ses affaires ; je lui avais fait gagner l'estime de mon maître.

J'ai donc vécu dans l'espoir de devenir libre, en résistant le mieux possible aux mauvais traitements, en affrontant jour après jour la furie de la mer et des vagues. Je les ai vues une fois happer un bateau et le retourner ; plusieurs matelots sont morts écrasés. Le capitaine et moi avons été frappés par une déferlante qui nous a envoyés voler hors du bateau et atterrir au milieu des arbres !

Un soir, à Montserrat, alors que nous ramions de toutes nos forces pour nous éloigner de la côte, les vagues ont retourné le bateau à quatre reprises. La quatrième fois, épuisé, j'ai failli me noyer mais heureusement ma veste m'a maintenu un moment à la surface et j'ai pu appeler au secours. Un matelot m'a attrapé et ramené sur le rivage avant d'aller récupérer le canot.

Chaque jour, j'espérais que mon maître tiendrait sa promesse de quitter les Caraïbes et de m'emmener avec lui à Philadelphie.

Mais au beau milieu de ces rêves de liberté, il est arrivé une chose terrible.

Nous étions partis de Montserrat avec un jeune mulâtre qui construisait des bateaux. Il s'appelait Joseph Clipson. Tout le monde, à bord, savait qu'il était né libre. Il s'était marié à une femme libre, avait un enfant, et menait une existence heureuse.

Un jour, un capitaine des Bermudes est monté à bord de notre bateau avec plusieurs hommes. Il a annoncé à Joseph que son maître lui avait donné l'ordre de l'emmener aux Bermudes.

Joseph ne pouvait pas croire que ce capitaine parlait sérieusement. Il lui a dit qu'il était un homme libre et montré son certificat de naissance, à Saint Kitts. Le capitaine n'y a même pas jeté un coup d'œil. Ses hommes l'ont débarqué de force. Joseph a demandé à ses ravisseurs de le conduire chez le juge. Mais ces bafoueurs des droits de l'homme l'ont monté sur leur navire qui a levé l'ancre dès le lendemain. Toute chance de se faire entendre, de revoir sa femme et son enfant, s'envolait. Il est probable qu'il ne les a jamais revus.

J'ai alors compris qu'aux Caraïbes la vie des hommes noirs libres était aussi peu enviable que celle des esclaves. S'ils se faisaient voler, ils n'avaient aucun recours devant la justice. Et la menace de l'enlèvement planait constamment sur eux.

Moi, j'étais toujours esclave. Si je m'enfuyais et qu'on me rattrapait, ou si j'étais accusé d'un crime, n'importe qui pourrait me tuer sans être puni. N'importe qui pouvait me tuer n'importe quand et ne payer qu'une amende de quinze livres pour « comportement violent ».

Un jour, un Blanc a voulu voler les cochons que je vendais. Il a refusé de me payer et tenté de dérober l'argent que je conservais dans une boîte. Pour protéger mes biens et ma dignité, j'étais prêt à le frapper (j'aurais été en prison si je l'avais fait), mais un marin anglais m'a défendu. Le voleur est reparti en jurant qu'à la prochaine occasion, il me tuerait, quitte à payer les quinze livres au gouvernement.

J'étais dégoûté des Caraïbes. Je savais que je ne pourrais jamais m'y sentir complètement libre car ici, la peur de perdre sa liberté poursuit l'homme noir libre comme son ombre.

Leçons de navigation

Résolu à faire tout mon possible pour gagner ma liberté et retourner en Angleterre, j'ai décidé d'apprendre la navigation. Je ne désirais pas m'échapper tant que je n'étais pas maltraité. Mais si jamais cela m'arrivait, je partirais avec le sloop. C'était l'un des bateaux les plus rapides des îles, et je ne manquerais pas d'aide.

J'ai demandé au second de m'enseigner la navigation. Il a accepté contre vingt-quatre livres. Je lui ai versé sur-le-champ une partie de la somme. Lorsque le capitaine Farmer l'a appris, il lui a reproché de m'avoir fait payer. Nous avions tellement de travail que mes leçons ont un peu traîné.

Peu de temps après, en Guadeloupe, j'ai eu une occasion de fuir en m'engageant sur un navire qui partait pour la France. Les matelots blancs s'étaient inscrits et voulaient que je vienne avec eux. Ils juraient de me protéger. Le bateau levait l'ancre le lendemain. Mais je me suis souvenu d'une vieille maxime : « L'honnêteté est la meilleure des politiques » ; et comme le capitaine Farmer avait toujours été juste avec moi, je n'ai pas abandonné son bateau.

Il savait que j'aurais pu m'échapper. Par reconnaissance pour ma loyauté, il m'a donné lui-même des cours de navigation jusqu'à ce que certains passagers lui déclarent qu'il était trop dangereux d'enseigner la navigation à un Noir, ce qui a ralenti mes études.

En 1764, mon maître a acheté un grand sloop, baptisé *Prudence*, qu'il a confié au capitaine Farmer. Nous sommes partis livrer une cargaison d'esclaves à Charleston et en Géorgie. J'avais emporté des marchandises à vendre, mais des Blancs m'en ont volé la plupart.

Heureusement, j'ai vendu à bon prix le produit de mes échanges à notre retour aux Caraïbes. Et j'ai continué à faire du commerce pendant toute l'année 1764.

Désespoir et joie

En 1765, M. King a enfin armé son vaisseau pour retourner à Philadelphie. J'ai travaillé très dur pour charger le bateau et acheter les marchandises personnelles que je voulais emporter. J'avais hâte de quitter les Caraïbes. Si mon maître tenait sa promesse de m'envoyer à l'école et de faire de moi un employé, je passerais le reste de ma vie à Philadelphie.

Mais un dimanche, alors que je me préparais au voyage, il m'a fait appeler chez lui. En arrivant, je l'ai trouvé en compagnie du capitaine Farmer.

– Il paraît que tu veux t'échapper dès que tu seras à Philadelphie, a commencé mon maître. Je me vois donc dans l'obligation de te revendre. Tu m'as coûté très cher, pas moins de quarante livres sterling. Je ne peux pas me permettre de perdre autant d'argent.

Puis il a ajouté :

– Tu es un garçon de valeur. N'importe qui, sur cette île, donnerait cent guinées pour t'avoir.

Il m'a appris que le beau-frère du capitaine Doran, un maître sévère qui avait toujours voulu m'acheter, allait faire de moi son contremaître.

– J'obtiendrai un meilleur prix pour lui en Caroline, a alors déclaré le capitaine Farmer.

Je savais que c'était vrai. Là-bas, un homme était venu à bord à plusieurs reprises pour lui proposer de m'acheter en me promettant une place de confiance.

– Quel travail me réservez-vous ? lui avais-je demandé.

– Tu es marin. Je te ferai capitaine de l'un de mes bateaux de riz.

J'avais craint soudain que le capitaine Farmer n'accepte sa proposition.

– Pas question que je vienne avec vous, avais-je répondu. Si vous m'achetez, je m'enfuirai avec votre bateau !

– Impossible. Je te rattraperai ! avait-il rétorqué.

Et il m'avait laissé entrevoir les sévices qu'il me ferait subir si je tentais de m'échapper.

– Vous ne parviendrez peut-être pas à

rattraper Gustave, avait déclaré le capitaine Farmer. Il sait naviguer.

À mon grand soulagement, ce monsieur avait changé d'avis et s'en était allé.

Et de nouveau on parlait de me vendre. J'ai affirmé à mon maître, M. King, que je n'avais jamais dit que je m'échapperais une fois arrivé à Philadelphie.

– Je n'y pense même pas, ai-je ajouté, car vous me traitez bien, et le capitaine aussi. Si vous m'aviez brutalisé, je me serais enfui depuis longtemps. Si Dieu veut que je sois libre un jour, je le serai. Si ce n'est pas sa volonté, je ne le serai jamais. Mais ce n'est pas à moi de choisir. Faites comme vous voulez. J'ai confiance en Dieu.

Tandis que je parlais ainsi à M. King, mon cerveau échafaudait mille plans d'évasion. J'ai alors pris le capitaine Farmer à témoin :

– M'avez-vous déjà surpris en train d'essayer de fuir ? Ai-je jamais manqué de monter à bord quand vous me le demandiez ?

Je lui ai rappelé la fois où ses hommes avaient déserté le bateau pour rejoindre la flotte française, en me conseillant de les suivre.

– Vous savez que j'aurais pu partir avec eux. Croyez-vous vraiment que vous m'auriez rattrapé ?

La réponse du capitaine m'a redonné goût à la vie. À ma grande surprise et à ma grande joie, il a déclaré à mon maître que je disais la vérité. Qu'il avait été jusqu'à provoquer des situations me donnant l'occasion de fuir pour me tester, et que jamais je n'en avais profité.

En réalité, mon maître se méfiait de moi parce que le second lui avait raconté que je voulais m'échapper. J'avais surpris cet homme en train de voler des provisions et je l'avais dénoncé au capitaine. Pour se venger, il avait menti.

– Gustave, a déclaré mon maître, tu es un garçon raisonnable ! Je ne t'ai jamais considéré comme un esclave ordinaire. Je t'ai laissé naviguer parce que je pensais que tu pourrais gagner de l'argent en faisant du commerce. Afin de t'encourager, je te permets de m'acheter du rhum et du sucre à crédit. Tu les revendras à Philadelphie. Si tu es prudent, tu auras un jour assez d'argent pour payer ta liberté. Je te laisserai partir contre quarante livres sterling, la somme que j'ai dépensée pour toi.

J'ai sauté de joie.

– Monsieur, j'ai toujours pensé que vous m'offririez la chance d'acheter ma liberté. C'est pourquoi j'ai veillé à vous servir avec autant de zèle.

M. King m'a fait cadeau d'une grosse pièce en argent et le capitaine m'a renvoyé à bord, en me promettant que le second ne serait pas du voyage.

En une heure, j'étais passé de la douleur la plus vive à la joie la plus intense. J'ai éprouvé une telle gratitude envers ces deux hommes que j'aurais pu leur baiser les pieds.

J'ai quitté la pièce et regagné notre bateau le cœur léger.

Nous avons pris la mer peu après, et j'ai vendu avec succès mes marchandises dans l'élégante ville de Philadelphie.

La diseuse de bonne aventure

Un jour, à Philadelphie, j'ai entendu parler d'une certaine Mme Davis, diseuse de bonne aventure. On prétendait qu'elle avait le pouvoir de révéler des secrets et de prédire l'avenir. Je n'y croyais pas beaucoup mais, la nuit même, j'ai rêvé d'elle !

Je suis alors devenu aussi impatient de la voir qu'elle m'avait laissé indifférent jusque-là. Le soir, après avoir terminé mon travail, je me suis rendu chez elle. Lorsque je suis arrivé devant sa porte et qu'elle m'a ouvert, elle portait la même robe que dans mon rêve !

– Vous avez rêvé de moi, la nuit dernière, m'a-t-elle dit.

Puis elle m'a raconté, avec une précision incroyable, mille choses que j'avais vécues.

– Vous ne resterez pas longtemps esclave, m'a-t-elle annoncé.

C'était une très bonne nouvelle. Et j'étais d'autant plus disposé à la croire qu'elle m'avait dit la vérité sur mon passé.

– Deux fois en dix-huit mois, a-t-elle poursuivi, vous vous trouverez en grand danger de mort. Si vous survivez, vous aurez une vie heureuse.

Elle m'a donné sa bénédiction avant que nous nous séparions.

Notre bateau est retourné aux Caraïbes, où j'ai continué à vendre des marchandises. Puis nous avons transporté une cargaison d'esclaves en Géorgie. Là-bas, surchargé de travail, j'ai attrapé la fièvre et j'ai failli mourir. J'ai prié Dieu de m'épargner et promis d'être bon si je guérissais.

De retour à Montserrat, nous avons embarqué d'autres malheureux esclaves opprimés pour les emmener à Charleston, puis en Géorgie. Pendant mon séjour à Charleston, il y a eu une grande fête. Toute la ville était illuminée. On tirait des coups de canon et les gens allumaient des feux de joie dans les rues. J'ai appris que les Américains célébraient l'abrogation du Stamp Act[1].

À Charleston, j'ai voulu vendre un tonneau de rhum. Mais mon client, un Blanc,

1. Loi exigeant l'utilisation de timbres payants sur les documents officiels afin d'augmenter les revenus de l'Angleterre dans les colonies américaines.

a commencé par refuser de me payer. Puis il m'a donné des dollars, mais certains d'entre eux n'avaient aucune valeur. Quand j'ai voulu les utiliser au marché, on m'a accusé d'essayer d'écouler de la fausse monnaie. J'ai eu beau montrer du doigt l'homme qui me les avait donnés, il s'en est fallu d'un cheveu que je ne sois ligoté et fouetté. Je ne m'en suis sorti que grâce à la vitesse de mes jambes.

J'ai connu pire à mon arrivée en Géorgie. Un dimanche soir, je me trouvais avec quelques Noirs dans la cour du Dr Perkins, leur maître, un homme sévère et cruel, quand il est rentré, ivre. Il détestait voir des Noirs étrangers dans sa cour et, à l'aide d'une brute d'intendant, il m'a roué de coups.

J'ai eu beau appeler à l'aide et demander pitié, ils m'ont battu avec tout ce qui leur tombait sous la main, et abandonné à demi mort.

J'ai perdu tant de sang que je suis resté à terre sans force pendant des heures. Je ne sentais plus rien. À l'aube, ils m'ont conduit en prison.

Inquiet de ne pas me voir remonter à bord, le capitaine est parti à ma recherche. Lorsqu'il a appris que j'étais en prison, il a accouru. À ma vue, il a pleuré.

Il m'a transporté chez lui et a appelé les meilleurs médecins à mon chevet. Ils ont commencé par déclarer que je ne me remettrais jamais. À cette nouvelle, mon capitaine a demandé conseil à des avocats qui lui ont déclaré qu'ils ne pouvaient rien faire pour moi, parce que j'étais noir.

Mon capitaine est alors allé voir le Dr Perkins, le héros qui m'avait terrassé, et l'a provoqué en duel. Mais la lâcheté étant toujours complice de la cruauté, ce dernier a refusé de se battre.

Je souffrais tellement de mes blessures qu'aucune position ne m'était confortable. Le capitaine m'a soigné et veillé toute la nuit. Finalement, grâce à ses soins et à l'habileté du Dr Brady, j'ai commencé à me rétablir. Quinze jours plus tard, je me levais et je faisais quelques courses pour le capitaine. J'ai repris mon travail un mois plus tard. Nous sommes repartis pour Montserrat où nous sommes restés jusqu'à la fin de l'année.

L'héritage

Chaque jour me rapprochait maintenant de la liberté. J'étais impatient de reprendre la mer afin de gagner assez d'argent pour l'acheter.

Au début de l'année 1766, mon maître a acquis un nouveau bateau, le *Nancy*, le plus grand sloop que j'avais jamais vu jusqu'alors. Le capitaine Farmer l'a utilisé pour ses voyages.

J'étais content. Le *Nancy* était tellement grand que je pourrais embarquer davantage de marchandises pour mon compte personnel. À Montserrat, j'avais vendu quatre barils de viande de porc achetée à Charleston, avec un bénéfice de trois cents pour cent.

Nous avons repris la route de Philadelphie. Pendant le voyage, j'ai vu pour la première fois des baleines et un baleineau nous a suivis toute une journée.

Nous sommes arrivés sans encombre à

Philadelphie où j'ai vendu la plupart de mes marchandises à des Quakers. Jamais ces gens n'ont essayé de me tromper. Ce qui m'a incité à les choisir ensuite comme clients, de préférence aux autres.

J'avais fait de très bonnes affaires. Avec les ventes que je comptais réaliser à Montserrat, au retour, j'aurais peut-être assez d'argent pour acheter ma liberté.

Mais nous ne sommes pas retournés à Montserrat. Nous sommes allés à Saint-Eustache avec l'ordre de ramener immédiatement une nouvelle cargaison d'esclaves en Géorgie.

De retour à Savannah, le capitaine m'a conduit chez un homme de sa connaissance, un vieil orfèvre que l'on disait très riche. Il désirait retourner à Montserrat, prétendait éprouver beaucoup d'affection pour le capitaine Farmer, et lui promit beaucoup d'argent.

Pendant que nous chargions le *Nancy*, nous avons appris que l'orfèvre était malade. Une semaine plus tard, son état avait empiré. Et plus il était malade, plus il parlait de donner au capitaine tout son argent.

Le vieil homme n'avait ni femme ni enfants et il semblait vraiment à l'article de la mort. Persuadé qu'il allait hériter de sa fortune et devenir très riche, le capitaine

Farmer s'est occupé de lui nuit et jour. Il m'a même recommandé d'être moi aussi aux petits soins pour le vieil orfèvre.

– Quand j'hériterai, je te donnerai dix livres, m'a-t-il dit.

Comptant sur ma part d'héritage, j'ai pris tout l'argent que j'avais pour faire des courses ; j'ai dépensé huit livres dans l'achat d'un habit de toile fine que j'avais l'intention de mettre pour danser, dès que je pourrais fêter ma liberté.

Un soir, nous sommes restés très tard au chevet de l'orfèvre. Nous venions juste de remonter à bord et de nous coucher quand, vers deux heures du matin, un homme est arrivé avec un message urgent pour le capitaine : son ami venait de mourir.

Le capitaine m'a aussitôt réveillé :

– Debout ! Prends une lampe ! Nous allons à terre ! Le vieux est mort !

– Puisqu'il est mort, il n'a plus besoin de rien, ai-je répondu à moitié endormi. On peut attendre le matin.

– Non, non, nous allons chercher l'argent cette nuit. Je ne peux pas attendre demain, en avant !

Je me suis levé, j'ai allumé une lampe, et nous sommes partis chez l'orfèvre qui était effectivement aussi mort qu'on pouvait le souhaiter.

Le capitaine a déclaré qu'il lui ferait des funérailles grandioses en remerciement de la fortune promise. Puis il a demandé qu'on lui apporte les biens du mort.

Le vieil homme avait confié au capitaine les clefs d'une série de coffres qui étaient à présent devant nous. Frémissant d'impatience, nous les avons ouverts. Ils étaient emboîtés les uns dans les autres, et il nous a fallu beaucoup de temps pour parvenir au plus petit. Il était rempli de papiers qui ressemblaient à des billets de banque ! Mon cœur a fait un bond. Le capitaine a battu des mains en criant :

– Dieu merci !

Mais, hélas, les affaires humaines sont bien incertaines. Nous pensions mettre la main sur un véritable trésor, mais ces papiers ne valaient strictement rien. La fortune de l'orfèvre se montait en tout et pour tout à un dollar et demi, ce qui ne suffisait même pas à payer son cercueil !

Nous sommes restés un long moment figés sur place, images vivantes de la déception.

Puis nous avons laissé le mort se débrouiller avec son triste sort ; nous nous étions assez occupés de lui de son vivant.

Libre

Nous sommes retournés à Montserrat, encore très contrariés par le tour que nous avait joué l'orfèvre. Après avoir vendu mes marchandises, je me suis retrouvé à la tête de quarante-sept livres sterling.

J'ai consulté mon ami le capitaine sur la façon dont je devais m'y prendre pour proposer à mon maître l'argent de ma liberté.

– Va chez lui jeudi matin, m'a-t-il dit. Il y sera, je dois prendre le petit déjeuner avec lui.

Le jeudi matin, je me suis donc rendu chez M. King avec le capitaine. Nous sommes entrés dans la pièce où se trouvait mon maître et je me suis incliné devant lui. L'argent dans une main et la peur au ventre, je l'ai prié de m'accorder la liberté qu'il m'avait promise.

Il a paru déconcerté par mes paroles, et a reculé d'un pas. Mon cœur s'est serré.

– Te donner ta liberté ? Tu possèdes quarante livres sterling, toi ?

– Oui, monsieur.

– Comment t'es-tu procuré cet argent ?

– Très honnêtement.

– C'est vrai, est intervenu le capitaine Farmer. Gustave a gagné son argent en travaillant dur.

– Il gagne de l'argent plus vite que moi ! s'est écrié mon maître. Je ne t'aurais jamais promis la liberté si j'avais imaginé que tu pourrais me payer aussi vite !

– Allons, Robert, a dit le capitaine en donnant à mon maître une tape sur le dos. Je crois qu'il est temps de lui accorder sa liberté. Tu n'as pas à te plaindre des intérêts qu'il t'a rapportés. Gustave t'a fait gagner plus de cent livres par an, et il t'en fera gagner encore, car il ne te quittera pas. Allons, Robert, prends son argent.

– Je tiendrai ma promesse, a répondu mon maître.

Il a pris les quarante livres sterling, et m'a dit d'aller au bureau d'état civil pour y faire établir mes papiers d'homme libre.

Les paroles de mon maître m'ont été aussi douces qu'une voix céleste. Je me suis incliné devant lui avec gratitude, incapable d'exprimer mes sentiments autrement que par des larmes, tandis que mon fidèle ami le capitaine nous félicitait tous les deux.

Délirant de joie, je les ai quittés. Mes pieds ne touchaient plus terre. J'ai fait part de mon bonheur à tous les gens que j'ai croisés en chemin, en chantant haut et fort les louanges de mon maître et du capitaine.

Lorsque j'ai informé l'officier de l'état civil du but de ma visite, il m'a félicité puis donné mon certificat d'émancipation pour une guinée, soit la moitié du prix officiel. Je l'ai remercié vivement et, le papier à la main, je suis aussitôt retourné le faire signer à M. King. Ainsi, avant la fin de la journée, moi qui, le matin, étais un esclave soumis au désir d'un autre homme, j'étais devenu mon propre maître. J'étais complètement libre. J'avais vingt et un ans.

Ce 11 juillet 1766 fut le jour le plus heureux de toute ma vie.

Après avoir signé mon certificat, M. King m'a dit :

– Nous espérons que tu continueras à naviguer sur mes bateaux.

Débordant de gratitude envers lui et le capitaine Farmer, j'ai accepté et je suis devenu matelot, à trente-six shillings par mois.

Dans les rues de Montserrat, les Noirs, surtout les plus âgés, m'ont couvert de prières et de bénédictions.

Et tous, Noirs ou Blancs, m'ont appelé par mon nouveau nom, le plus beau du monde : « homme libre ».

Pour partager mon bonheur, j'ai invité tous mes amis à une danse de la liberté. J'ai revêtu le nouvel habit bleu que j'avais acheté en Géorgie. Il m'allait si bien que des femmes noires qui, d'habitude, faisaient mine de ne pas me remarquer, ont commencé à me regarder avec intérêt – mais mon cœur soupirait après Londres.

Je pensais souvent à mon ancien maître, le capitaine Pascal. Malgré la façon dont il m'avait traité, je l'estimais toujours. J'aurais voulu lui montrer que j'étais devenu un homme libre par la grâce de Dieu – et non pas seulement l'esclave d'un planteur.

Je serais bien parti pour Londres sur-le-champ, mais j'avais donné ma parole à M. King : je continuerais à travailler pour lui.

Un combat farouche s'est engagé entre mon désir et mon devoir. Comme il était difficile de tenir parole, et comme j'allais en souffrir !

La bagarre

Je suis donc reparti avec le capitaine, d'abord à l'île Saint-Eustache, puis à Savannah en Géorgie où nous avons remonté une rivière pour prendre une cargaison. La rivière était pleine d'alligators qui s'approchaient du bateau. Je leur ai tiré dessus pour les éloigner. Nous avions très peur de ces animaux et, pourtant, j'ai vu des jeunes alligators qui étaient à vendre vivants, pour six pence.

Pendant que nous étions à Savannah, un esclave appartenant à un certain M. Read s'est approché du bateau pour m'insulter. Je savais que dans ce pays, aucune loi, ou presque, ne protégeait les Noirs libres. J'ai donc pris sur moi pour ne pas lui répondre, lui demandant simplement d'arrêter.

Mais il a continué à me lancer des insultes, puis m'a frappé. Je suis alors sorti de mes gonds, et je lui ai donné une bonne correction.

Le lendemain matin, son maître est venu me trouver :

– Je vais te faire fouetter en public dans les rues de Savannah pour t'apprendre à frapper mes esclaves !

Je lui ai répondu que son esclave m'avait insulté et provoqué. Après son départ, j'ai tout raconté au capitaine Farmer et je lui ai demandé de m'accompagner chez M. Read afin de régler cette affaire.

– Ne t'inquiète pas, m'a-t-il dit. Si M. Read porte plainte, je m'en occuperai. Continue à travailler comme si de rien n'était.

Mais, quand M. Read est revenu demander au capitaine de me livrer à lui, ce dernier a répondu :

– Je ne suis pas au courant. Gustave est un homme libre.

Stupéfait et effrayé, j'ai refusé de suivre M. Read. Je risquais d'être fouetté dans les rues, sans juge ni jury, ou pire.

M. Read est parti en jurant qu'il reviendrait avec un mandat d'arrêt et accompagné des gendarmes de la ville pour m'obliger à descendre du bateau.

Je savais qu'il le ferait. J'avais peur.

J'étais un homme libre qui n'avait rien fait de mal. Et pourtant n'importe quelle crapule blanche pouvait me fouetter dans les rues ! La rage m'a saisi. J'étais prêt à me battre avec le premier homme qui poserait les mains sur moi. Je préférais mourir en homme libre plutôt que fouetté par des Blancs ou saigné comme un esclave !

Le capitaine et mes amis ont essayé de me raisonner, de me persuader que je prenais des risques énormes. J'ai finalement admis que j'avais intérêt à quitter le bateau et à me cacher. J'ai couru me réfugier hors de la ville, dans la maison où le capitaine avait pris pension. J'y suis resté cinq jours.

Reprochant au capitaine de ne pas avoir pris ma défense, mes amis l'ont prévenu qu'ils allaient me trouver une place sur un autre bateau.

Il s'est alors immédiatement rendu chez M. Read à qui il a déclaré qu'il avait besoin de moi pour charger le bateau, et qu'il l'implorait de m'accorder son pardon.

Après s'être longuement fait prier, M. Read a répondu que je pouvais aller en enfer si je voulais et qu'il s'en moquait.

Le capitaine Farmer est revenu sur-le-champ m'annoncer que les choses s'arrangeaient, et me presser de retourner à bord.

– Est-ce que vous avez récupéré le mandat d'arrêt lancé contre Gustave ? ont demandé mes amis.

– Non, a répondu le capitaine.

– Alors, ne quitte pas cette maison, Gustave ! On te trouvera un autre bateau d'ici ce soir !

Le capitaine Farmer s'est aussitôt mis en quête du mandat et il a fini par l'obtenir de mes agresseurs – mais j'ai dû payer tous les frais occasionnés.

La perte d'un ami

J'ai remercié mes amis pour leur aide, et suis remonté à bord du bateau où, comme toujours, beaucoup de travail m'attendait.

Nous avons embarqué vingt têtes de bétail pour les Caraïbes où les bœufs se vendaient bien.

Pour m'encourager, le capitaine Farmer m'a promis qu'une fois le bateau chargé, je pourrais prendre deux bêtes supplémentaires pour moi. Comme le second était malade, j'aurais à remplir sa tâche en plus de la mienne. Lorsque le vaisseau a été chargé, j'ai demandé au capitaine la permission d'embarquer mes bœufs.

Il m'a annoncé qu'il n'y avait plus de place. Je lui ai demandé l'autorisation d'en prendre un seul. Il a refusé.

Son attitude m'a rempli de colère. Je lui ai déclaré que je ne pouvais pas respecter un homme qui ne tenait pas sa parole et j'ai décidé de quitter le bateau. Il était si abattu que j'ai fini par me laisser convaincre par le second de rester à bord.

Le capitaine s'est excusé et m'a proposé d'embarquer autant de dindes que je pourrais en faire monter à bord.

Comme je n'en avais jamais transporté, je craignais qu'elles ne supportent pas le voyage, mais il a insisté en affirmant que, si elles mouraient, il me les paierait.

Il me restait de la monnaie de papier qui n'avait pas cours aux Caraïbes ; je l'ai utilisée pour acheter quatre douzaines de dindes. Mais j'étais encore si furieux que j'ai décidé de ne plus jamais remettre les pieds en Géorgie, et de ne plus jamais voyager avec le capitaine Farmer.

Nous avons fait voile vers Montserrat. Le second était toujours malade et, de son côté, le capitaine se remettait mal d'un violent coup de corne que l'un des bœufs lui avait décoché en pleine poitrine. Au fil des jours, leur état a empiré. Nous avons rencontré de forts vents du nord et une mer agitée. Au bout d'une semaine, les bœufs étaient presque tous morts.

Nous n'étions que sept matelots pour manœuvrer le bateau qui prenait l'eau et, toutes les demi-heures, nous devions actionner les pompes. Le capitaine et le second étant trop malades pour s'occuper de la navigation, j'étais entièrement responsable du sloop. Mais comme je ne savais pas me servir des instruments à ma disposition, je devais naviguer de mémoire, et par déduction.

Le capitaine Farmer s'inquiétait pour le bateau et les intérêts de M. King. Il regrettait de ne pas m'avoir enseigné la navigation jusqu'au bout ; il jura qu'il y remédierait dès qu'il serait rétabli. Mais deux semaines plus tard, son état avait tellement empiré qu'il ne se levait même plus de sa couchette. Lorsqu'il a senti qu'il allait mourir, il m'a appelé à son chevet.

– Gustave, est-ce que je t'ai jamais fait du mal ? m'a-t-il demandé.

– Dieu me garde de penser une chose pareille ! Vous avez été pour moi le meilleur des bienfaiteurs !

Alors que je lui rappelais tout ce qu'il avait fait pour moi, et à quel point je tenais à lui, il est mort sans prononcer un mot. Le lendemain, nous avons livré son corps à la mer.

À bord, tout le monde l'appréciait et regretta sa disparition. En le perdant, je me suis rendu compte à quel point je l'aimais. Il s'était toujours montré bienveillant, généreux, juste, et m'avait traité comme un ami et un fils. Sans lui je n'aurais sans doute jamais obtenu ma liberté.

Nous avons fini par quitter la zone des vents variables. J'espérais que je me dirigeais bien sur l'île d'Antigua qui devait être la plus proche de nous.

Neuf jours plus tard, nous l'avons effectivement atteinte. Le lendemain, nous arrivions sains et saufs à Montserrat.

Tous les bœufs étaient morts pendant la traversée. Mes dindes, en revanche, avaient survécu. Je les ai revendues avec un bénéfice de trois cents pour cent. Je tenais pour un signe de Dieu qu'elles aient ainsi résisté au mauvais temps.

Beaucoup de gens ont été surpris que j'aie pu conduire le sloop à bon port. À partir de ce jour-là, à Montserrat, on m'a appelé « capitaine ».

Le naufrage

J'ai à nouveau voulu partir pour l'Angleterre, mais M. King m'a supplié d'effectuer un dernier voyage pour lui. Afin de lui prouver ma reconnaissance, j'ai accepté.

Le nouveau capitaine qu'il avait engagé pour commander le sloop s'appelait William Phillips. Nous avons embarqué une cargaison d'esclaves puis, le 30 janvier 1767, nous avons pris la mer en direction de la Géorgie. William Phillips se vantait curieusement de son talent de navigateur ; et effectivement je n'avais jamais vu personne prendre un cap aussi franchement à l'ouest. Je trouvais ce choix extraordinaire.

Peu de temps après le début de la traversée, j'ai fait un rêve étrange : le bateau était échoué sur les rochers et moi seul pouvais sauver les passagers.

La nuit suivante, j'ai fait à nouveau le même rêve.

Le lendemain, j'ai terminé mon quart un peu après huit heures, fatigué de ma journée de travail et contrarié par la façon dont le bateau prenait l'eau.

– Satanée coque de noix ! ai-je maugréé tout en actionnant la pompe.

J'étais convaincu que jurer était un péché et j'ai immédiatement regretté mes paroles. Je suis descendu me coucher. Je m'étais à peine endormi que le rêve est revenu.

À minuit, comme j'assurais le quart du capitaine, je suis remonté sur le pont.

À une heure et demie du matin, l'homme à la barre a crié :

– Il y a quelque chose sous le vent. C'est sûrement un orque. Va voir !

Je me suis penché pour regarder de plus près.

Ce n'était pas un orque, c'était un rocher !

Je me suis précipité chez le capitaine pour le prévenir du danger et le faire monter sur le pont.

– Tout va bien, a-t-il dit.

Je suis remonté. Un vent fort nous avait jusque-là tenus éloignés du rocher, mais il commençait à faiblir et le courant nous poussait vers lui.

Le capitaine n'arrivant pas, je suis redescendu lui dire que le bateau risquait de heurter un gros rocher et qu'il devait se dépêcher de venir. Il a dit qu'il arrivait.

De retour sur le pont, j'ai constaté que nous nous rapprochions dangereusement. J'entendais la mer déferler sur les rochers qui nous entouraient.

J'étais de plus en plus inquiet. Le capitaine, lui, demeurait invisible.

Furieux, je suis descendu une fois de plus.

– Pourquoi ne montez-vous pas ? ai-je hurlé. Nous sommes entourés de brisants !

Cette fois, il m'a suivi et a essayé de faire virer le sloop, mais il n'y avait pas assez de vent.

Nous avons appelé tout l'équipage pour jeter l'ancre, en espérant qu'elle nous retiendrait. Le vacarme de la mer était épouvantable. Au moment où nous lancions l'ancre, le bateau a heurté le récif.

Les lames du ressac se succédaient maintenant à une cadence effrayante. Une vague immense a projeté le bateau sur les brisants où il s'est empalé.

Le pire de tout, c'est que je me croyais responsable de ce malheur. Dieu me punissait d'avoir maudit le navire dont ma vie dépendait. D'une seconde à l'autre, nous allions être précipités à la mer. J'ai décidé que si je m'en sortais vivant, je ne jurerais plus jamais. Puis j'ai tenté de réfléchir à la meilleure façon de nous tirer de cette situation. Toutes sortes d'idées confuses se bousculaient dans mon esprit.

– Clouez les écoutilles ! a ordonné le capitaine.

Il y avait vingt esclaves dans la cale. Si les écoutilles étaient clouées, ils mourraient jusqu'au dernier.

J'ai cru que l'ordre du capitaine était la conséquence de mon péché. Si l'équipage exécutait cet ordre, Dieu me rendrait responsable de leur mort.

Cette pensée m'a traversé l'esprit avec une telle violence que je me suis évanoui. J'ai repris connaissance juste au moment où l'équipage s'apprêtait à clouer les écoutilles.

– Arrêtez ! ai-je crié.

– Il faut le faire ! a dit le capitaine. La chaloupe n'a que dix places. Si nous les laissons sortir, ils essaieront de monter dedans, et nous nous noierons tous.

– Vous... c'est vous qui méritez d'être noyé ! Vous ne savez même pas piloter ce bateau !

Je crois qu'au moindre signal de ma part tout l'équipage se serait uni pour le précipiter par-dessus bord. Personne n'a cloué les écoutilles.

Il faisait toujours nuit. Nous ne savions pas où nous étions, ni quelle direction prendre. Une seule chose était sûre : la chaloupe ne résisterait pas au ressac. Il valait mieux rester à bord du sloop, et se fier à Dieu en attendant que le jour se lève.

– Il faut préparer la chaloupe pour demain matin, ai-je dit.

Quelques hommes se sont mis à la tâche. Les autres ont préféré renoncer à lutter et se sont mis à boire.

La coque de la chaloupe avait un trou d'une cinquantaine de centimètres de long. Nous n'avions rien pour la réparer. Mais la nécessité est la mère de l'invention. J'ai prélevé du cuir sur l'une des pompes et je l'ai cloué sur la brèche avant de l'enduire de suif.

Nous avons attendu que le jour se lève. Chaque minute semblait durer une heure. À l'aube, le ressac était moins violent et nous avons découvert une petite île déserte entourée de récifs, à cinq ou six miles[1].

Il y avait peu de chances que notre chaloupe franchisse les récifs pour aborder l'île, mais nous n'avions pas le choix. Nous avons chargé une quantité de provisions limitée afin que la chaloupe ne s'enfonce pas trop dans l'eau, puis nous nous sommes lancés.

À maintes reprises il a fallu descendre de la chaloupe pour la tirer entre les récifs, en

1. Un mile marin = 1,6 kilomètre.

nous entaillant les jambes sur les rochers. Nous n'étions que cinq à ramer – trois Noirs, un matelot créole hollandais et moi – et cinq fois nous avons fait l'aller et retour entre le sloop et l'île. À force, je n'avais plus de peau sur les paumes des mains.

Les Blancs avaient tellement bu que même s'ils l'avaient voulu, ils auraient été incapables de faire quoi que ce soit. Ils étaient couchés sur le pont comme des porcs. Nous avons dû les porter jusqu'à la chaloupe et les amener de force à terre.

Tout le jour nous avons sué sang et eau pour ramer et haler aussi vite que possible, parce que nous courions un grand danger : si le vent avait forci, nous n'aurions jamais pu nous en tirer. D'autant que la pièce de cuir de la chaloupe menaçait de se détacher d'un instant à l'autre.

Nous sommes finalement parvenus à sauver les trente-deux personnes qui étaient à bord.

J'étais persuadé que si l'un d'eux mourait, Dieu m'en tiendrait responsable ; ce qui explique probablement pourquoi je me suis tant acharné à les sauver. Quand ils ont réalisé ce que j'avais fait pour eux, ils m'en ont été si reconnaissants qu'ils m'ont considéré comme leur chef pendant tout notre séjour sur l'île.

J'avais apporté des oranges et des citrons à terre ; et comme le sol était fertile, j'en ai planté quelques-uns en pensant à ceux qui viendraient s'échouer là après nous.

Lorsque nous avons approché l'île lors de notre premier aller-retour, nous avons vu d'énormes oiseaux, des flamants. Mais nous avions le soleil dans les yeux et nous les avons pris tout d'abord pour des êtres humains. Notre capitaine jurait que c'étaient des cannibales. Il voulait à tout prix les éviter et ramer jusqu'à un autre îlot qui se trouvait beaucoup plus loin.

J'ai refusé. S'il fallait aller si loin, jamais nous n'aurions la force de débarquer tous les passagers du navire.

– Abordons ici. Ces cannibales se sauveront peut-être, ai-je dit.

Nous avons donc ramé dans leur direction. Et, à notre grande joie, ils se sont envolés, en même temps que nos craintes.

Sur l'île, il y avait des tortues et des poissons en si grand nombre qu'on pouvait les attraper sans appât. Il y avait aussi, sur la plage, un gros rocher dont le sommet creusé en forme de coupe retenait l'eau de pluie. Mais il fallait la boire sans tarder car elle devenait rapidement aussi salée que la mer.

Les voiles du sloop nous ont servi à fabriquer des tentes pour nous abriter.

Puis nous avons commencé à réfléchir au moyen de quitter cet endroit désert. Nous avons décidé de réparer la chaloupe, et de partir à la recherche d'un navire ou d'une île habitée. Il nous a fallu onze jours pour la remettre en état.

Une fois qu'elle a été prête, le capitaine a voulu que je reste à terre pendant qu'il partait en quête d'un vaisseau qui reviendrait nous chercher.

J'ai refusé. J'ai embarqué avec lui et cinq autres matelots, dans l'espoir d'atteindre l'une des îles des Bahamas. Nous n'avions que deux mousquets chargés, au cas où les choses tourneraient mal et, en guise de provisions, trois gallons[1] de rhum, quatre gallons d'eau, du bœuf et des biscuits.

Le deuxième jour, épuisés d'avoir ramé sous le soleil ardent, nous avons enfin atteint Abaco, la plus grande île des Bahamas. Nous n'avions plus d'eau.

Nous avons tiré la chaloupe sur le rivage pour en chercher, et trouver un endroit où dormir. L'île était très boisée. Nous avons allumé un feu destiné à éloigner les animaux sauvages, mais nous n'avons presque pas fermé l'œil de la nuit. Nous n'avons pas trouvé d'eau, et il ne nous restait que du bœuf salé, impossible à manger sans eau.

1. Un gallon = 4,5 litres.

Le jour suivant, nous avons fait le tour de l'île en bateau. Le soir, nous avons à nouveau accosté. Toujours pas d'eau. La nuit s'est passée exactement comme la précédente.

Le lendemain matin, nous sommes repartis.

Nous avons dépassé plusieurs îlots sans rencontrer le moindre navire. Finalement, nous nous sommes arrêtés sur l'un d'eux, où nous avons léché quelques gouttes d'eau sur des feuilles. Nous avons creusé des trous dans le sable, en espérant en trouver. À un endroit, un liquide noir a jailli du sol. Aucun de nous n'y a touché, sauf le pauvre Créole qui en a presque bu un litre.

Nous avons essayé de pêcher, sans succès. Nous commencions à désespérer quand soudain le capitaine s'est écrié :

– Une voile ! Une voile !

Nous n'étions pas sûrs qu'il s'agissait bien d'une voile, mais nous sommes quand même remontés dans la chaloupe et nous nous sommes dirigés vers elle.

Une demi-heure plus tard, nos efforts étaient récompensés. La voile appartenait à un petit sloop, rempli de monde.

– Ce sont des pirates, a dit le capitaine. Ils vont nous tuer.

– Nous devons l'accoster, au risque d'en mourir, ai-je rétorqué. Si ce sont des pirates, nous nous battrons.

Les autres étaient d'accord. Nous n'avions que deux sabres d'abordage et deux mousquets à nous partager, mais nous étions si désespérés que je crois que le capitaine, le créole et moi aurions pu terrasser vingt hommes.

Quand nous avons accosté, nous avons découvert que la quarantaine d'hommes à bord se trouvaient pour la plupart dans la même situation que nous !

Ils appartenaient à l'équipage d'une baleinière qui avait fait naufrage deux jours avant nous. Eux aussi avaient laissé des camarades sur un îlot. Ils étaient en route pour les Bahamas à bord de chaloupes quand ils avaient croisé le sloop qui cherchait des épaves à récupérer.

En échange du sauvetage des hommes, le sloop demandait le droit de prendre ce qui avait de la valeur sur l'épave, et la participation de l'équipage au déchargement.

Nous avons accepté à condition qu'ils aillent chercher nos camarades sur l'île. Ce qu'ils ont fait. Il était temps que nous arrivions, car ils n'avaient plus d'eau.

Nous avons enfin accosté à New Providence, aux Bahamas, où nous sommes restés seize ou dix-sept jours. Je m'y suis fait de nombreux amis ; j'ai même rencontré des Noirs libres qui y étaient très heureux. Nous avons passé le temps à nous rendre visite et à écouter de la musique à l'ombre des citronniers.

Le capitaine Phillips a loué un autre sloop pour aller en Géorgie avec les esclaves qu'il n'avait pas vendus. Le premier jour de navigation, un fort coup de vent a failli nous jeter contre des rochers. Certains ont prétendu qu'on nous avait jeté un sort à Montserrat. D'autres ont dit qu'il y avait des sorcières et des magiciens parmi les pauvres esclaves sans défense.

J'ai déclaré :

– Affrontons à nouveau le vent et la mer sans jurer et en nous fiant à Dieu, car il nous sauvera.

Sept jours plus tard, nous étions à Savannah où j'ai subi les désagréments habituels.

Une patrouille est venue chez un ami noir à qui je rendais visite, sous prétexte qu'une loi stipulait que toute personne noire allumant une lampe après neuf heures du soir devait être emprisonnée et punie d'une amende ou du fouet. Mais ils n'ont pas emmené mon ami. Il n'était pas libre, il avait un maître pour le protéger.

J'ai cru qu'ils voulaient de l'argent. Mais rien n'a pu les satisfaire. Ils m'ont emmené au poste de police où, tôt le matin, je les ai vus fouetter un homme et une femme noirs. Puis ils m'ont annoncé qu'ils me fouetteraient aussi.

– Je suis un homme libre, leur ai-je dit. S'il y a une loi pour les hommes libres, je m'en servirai contre vous.

Cela les a rendus furieux. Mais finalement l'un d'eux, plus humain que les autres, a déclaré que puisque j'étais libre, je ne serais pas fouetté. Alors j'ai envoyé chercher le Dr Brady, qui m'avait soigné deux ans plus tôt quand j'avais été battu à mort. Il est aussitôt venu à mon secours et ils m'ont laissé partir.

Quelques jours plus tard, aux abords de la ville, j'ai croisé deux Blancs qui se sont arrêtés en me voyant.

L'un d'eux a dit à l'autre :

– C'est le type qu'on cherche, celui qui s'est enfui.

– J'en mettrais ma main au feu.

Ils se sont approchés et allaient me saisir quand je me suis écrié :

– Ne me touchez pas ! J'ai déjà vu jouer ce genre de tour à d'autres Noirs libres, mais je ne me laisserai pas faire !

Ils ont hésité.

– Il ne fera pas l'affaire, a dit le premier.

– Il parle trop bien l'anglais, a poursuivi l'autre.

– Vous ne me ferez pas passer pour un esclave, ai-je rétorqué. J'ai un bâton et j'ai bien envie de m'en servir.

Mais je n'ai pas eu à me défendre, car ces canailles ont filé.

Avant de quitter cette partie du globe, je voulais retourner une dernière fois à Montserrat pour voir M. King, mon ancien maître. J'ai trouvé un sloop qui m'a conduit jusqu'à la Martinique.

De là, j'avais l'intention de continuer jusqu'à Montserrat, mais le capitaine du bateau qui s'y rendait a insisté pour que je publie une annonce précisant que je quittais l'île : il ne voulait pas courir le risque d'embarquer un esclave en fuite !

J'ai trouvé cela humiliant et abusif. En plus, le bateau partait le soir même et l'annonce n'aurait pas le temps de paraître avant le départ.

Enfin, au dernier moment, un monsieur de ma connaissance m'a accompagné chez le capitaine pour lui assurer que j'avais bien été affranchi et le capitaine m'a accepté à son bord.

Une nouvelle vie

Je suis arrivé à Montserrat le 23 juillet 1767.

Je me suis immédiatement rendu chez M. King qui m'a reçu très amicalement. Je lui ai raconté le naufrage de son sloop, le *Nancy*. J'ai appris avec tristesse qu'il avait eu bien d'autres problèmes. Pendant mon absence, une inondation avait ravagé Plymouth, détruit sa maison, une grande partie de sa propriété et avait failli lui coûter la vie.

Cet homme bienveillant m'a manifesté beaucoup d'affection. Il était désolé que je m'en aille. Il m'a pressé de rester aux Caraïbes. J'y avais bonne réputation, j'y réussirais, j'aurais bientôt des terres et des esclaves à moi.

Je l'ai remercié pour ses conseils et son amitié, mais je brûlais d'envie de retourner à Londres. Je lui ai demandé une lettre de références qu'il m'a écrite immédiatement, en louant mon honnêteté et mon ardeur au travail. Sincèrement reconnaissant, je l'ai quitté pour préparer mon départ.

Pendant mes deux derniers jours à Montserrat, j'ai dansé avec mes compatriotes et dit adieu à mes amis. Le 26 juillet 1767, je suis monté à bord de l'*Andromaque*.

Le cœur léger, j'ai dit au revoir à la menace du fouet et aux instruments de torture, au revoir à la colère, aux hurlements, au ressac infernal... au revoir à Montserrat pour toujours. Nous faisions route vers Londres, la destination que je m'étais fixée depuis des années.

J'avais vingt-deux ans. Onze ans s'étaient écoulés depuis que, petit garçon rempli de crainte, j'avais été kidnappé en Afrique. J'avais lutté pour arriver au jour où je pourrais enfin choisir ma vie en homme libre, et ce jour était arrivé.

J'ai loué de tout cœur le Seigneur pour sa clémence. Dans mon bonheur, j'ai piloté le bateau jusqu'à la fin de la nuit.

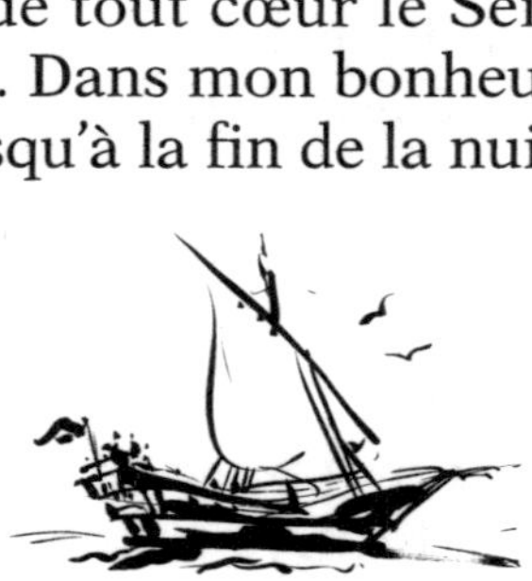

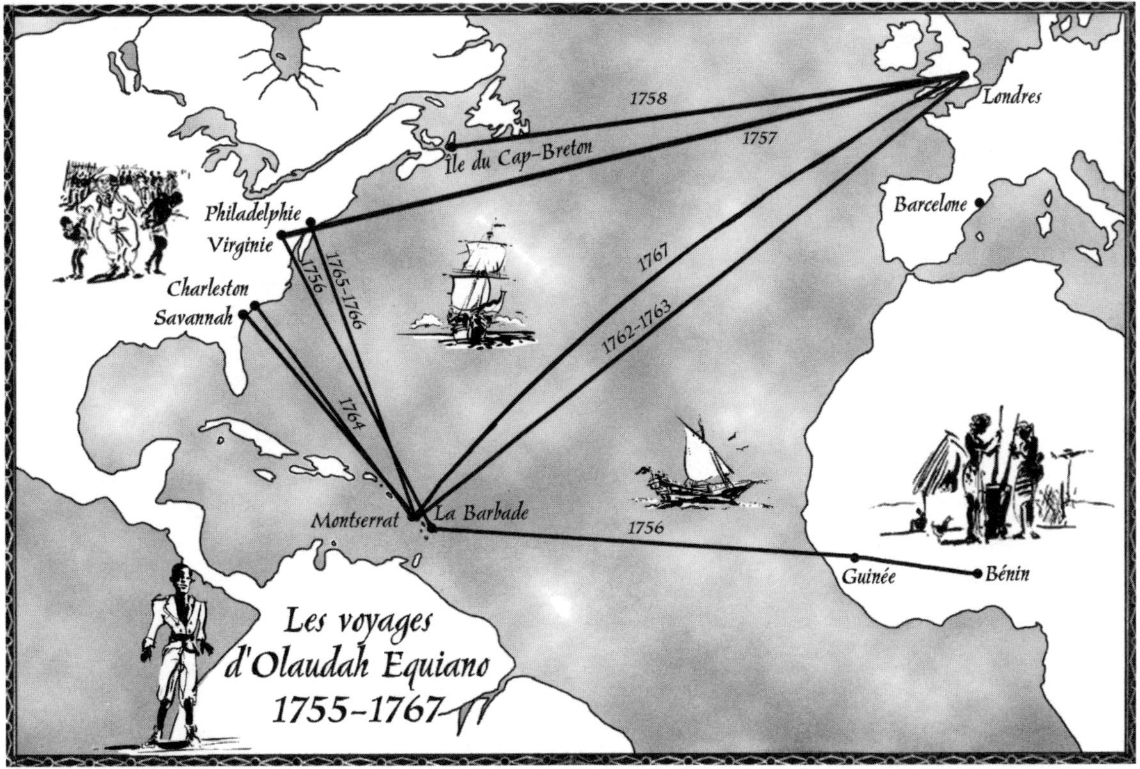
Les voyages
d'Olaudah Equiano
1755-1767
Londres
Barcelone
Île du Cap-Breton
Philadelphie
Virginie
Charleston
Savannah
Montserrat
La Barbade
Guinée
Bénin
1758
1757
1767
1762-1763
1756
1765-1766
1764
1756

POSTFACE

Qu'est devenu Olaudah Equiano après son retour en Angleterre dans la peau d'un homme libre ?

Il est arrivé à Londres à l'automne 1767. Là, il s'est rendu chez ses vieilles amies, les « demoiselles Guérin », qui ont été ravies de le revoir. Il a rencontré chez elles le capitaine Pascal, le maître qui l'avait trahi.

Olaudah s'imaginait que le capitaine Pascal regrettait ce qu'il avait fait, or il n'en était rien ! Olaudah a pensé un moment le poursuivre en justice devant un tribunal anglais. Mais pour ne pas chagriner les demoiselles Guérin, il s'en est abstenu.

Il est resté à Londres où il a réalisé tout ce dont il rêvait. Il a engagé des professeurs particuliers pour étudier. Il a appris à jouer du cor. Il est devenu le domestique d'un savant anglais, le Dr Charles Irving, inventeur d'un procédé de transformation de l'eau salée en eau douce. Mais les douze livres par an qu'il gagnait étant insuffisantes pour payer ses études, il a repris plusieurs fois la mer pour gagner davantage. Il a navigué en France, en Turquie, au Portugal, en Italie et en Espagne. En 1773, il a suivi une expédition qui cherchait un passage vers l'Inde, via l'Arctique ; c'était le premier bateau qui s'approchait si près du pôle Nord. Plus tard, il est allé jusqu'au Honduras, où il s'est fait des amis chez les Indiens Mosquitos et où, une fois de plus, il a échappé de justesse à l'esclavage.

À l'époque où le capitaine Pascal avait trahi et vendu Olaudah, ce dernier avait la loi de son côté. Or beaucoup d'Anglais pensaient que cette loi devait changer. En 1771, un juge a déclaré que tout esclave posant les pieds sur le sol de l'Angleterre serait dorénavant libre. Plus de trente mille Africains vivaient alors en Angleterre, la plupart étaient des esclaves ramenés des Caraïbes. Une fois libres, ils ne savaient pas comment gagner leur vie. Certains voulaient retourner en Afrique. En 1786, la Marine royale anglaise a nommé Olaudah Equiano responsable des vivres et du matériel à embarquer à bord des trois navires qui devaient transporter ces Africains en

Sierra Leone, où ils fonderaient une colonie anglaise. Ce travail lui a valu beaucoup d'ennuis.

Il a découvert que l'endroit choisi pour fonder la nouvelle colonie d'Africains libres était très proche de plantations où travaillaient des esclaves. Il redoutait que les nouveaux arrivants ne soient à nouveau réduits en esclavage par les propriétaires de ces plantations. Il en a averti les candidats au voyage et beaucoup ont décidé de ne pas partir.

Il a ensuite découvert que l'Anglais chargé d'acheter les provisions pour les bateaux avait volé la moitié de l'argent des pouvoirs publics et l'a dénoncé au gouvernement. En guise de remerciement, Olaudah a perdu son emploi ! Finalement le gouvernement anglais a reconnu son travail. Les Africains libres partis en Sierra Leone ont conservé leur liberté mais beaucoup sont morts, faute de vivres.

Olaudah s'est ensuite engagé dans le mouvement pour l'abolition de l'esclavage. Il a présenté à la reine une pétition au nom de tous les esclaves des Caraïbes, et s'est lié d'amitié avec de riches et puissants opposants à l'esclavage. Il a également écrit l'histoire de sa vie et, en 1788, ses amis, parmi lesquels des ducs, des duchesses, des comtes et des princes anglais, ont financé la publication de son livre. Il a parcouru l'Irlande, l'Écosse et l'Angleterre pour le faire connaître et prononcer des discours contre l'esclavage. En 1792, son livre est devenu un best-seller. Par la suite, il a été publié en Russie, en Allemagne, aux Pays-Bas et aux États-Unis. Olaudah Equiano était devenu le porte-parole le plus écouté de l'abolition de l'esclavage.

En 1792, il a épousé une anglaise, Susanna Cullen, qui lui a donné deux filles. Il est mort cinq ans plus tard, à l'âge de cinquante-deux ans.

Ann Cameron

informations cascade

« Je ne sais pas si le café et le sucre sont nécessaires au bonheur de l'Europe, mais je sais bien que ces deux végétaux ont fait le malheur de deux parties du monde. On a dépeuplé l'Amérique afin d'avoir une terre pour les planter, on a dépeuplé l'Afrique afin d'avoir une nation pour les cultiver.
(...)
Ces belles couleurs de rose et de feu dont s'habillent nos dames, le coton dont elles ouatent leurs jupes, le sucre, le café de leur déjeuner, le rouge dont elles relèvent leur blancheur, la main des malheureux Noirs a préparé tout cela pour elles. Femmes sensibles, vous pleurez aux tragédies, et ce qui sert à vos plaisirs est mouillé des pleurs et teint du sang des hommes. »

Jacques Henri Bernardin de Saint-Pierre
(1737-1814)
Extrait de *Voyage à l'Isle de France*, 1773

Une pratique très ancienne

L'esclavage a débuté des milliers d'années avant notre ère. Les civilisations antiques de Mésopotamie, de Chine, d'Égypte, les Aztèques et les Mayas utilisaient déjà des esclaves à des travaux domestiques ou collectifs. Certains participaient à d'importants chantiers agricoles ou bâtissaient des monuments royaux comme la pyramide de Chéops. Ils étaient aussi enrôlés de force pour participer aux batailles qui opposaient une tribu à une autre, un peuple à un autre.
L'esclavage représentait bien souvent le destin ordinaire des prisonniers de guerre. Les hommes de la Grèce antique, y compris les philosophes, ne trouvaient pas ce fait moralement condamnable. Selon eux, la majorité des esclaves était traitée assez humainement, en particulier ceux qui travaillaient au service d'un maître et qui parvenaient, au terme de longues années de labeur, à nouer avec lui une relation de confiance et de respect.

Le droit de vie et de mort

À Rome, les citoyens avaient, eux, droit de vie et de mort sur leurs esclaves. Ils pouvaient aussi les libérer par disposition testamentaire ou par procès fictif ; l'affranchi prenait alors le nom de son ancien maître et devenait citoyen romain à part entière, ainsi que ses descendants. L'Empire romain et sa logique de conquête reposaient totalement sur l'économie de l'esclavage. D'importants marchés d'esclaves, comme celui du Forum proche du temple de Castor et Pollux, existaient dans la capitale. Les révoltes de captifs étaient nombreuses et sévèrement réprimées, par le châtiment de la crucifixion notamment.

Le commerce du « bois d'ébène »

Au Moyen Âge, sous la pression de l'Église, les esclaves obtiennent peu à peu des améliorations de leurs conditions de vie et de travail. Le système du servage remplace petit à petit l'économie de l'esclavage. Mais au XVIIIe siècle, les grandes nations européennes instaurent la traite des Noirs pour développer leurs colonies. Trois « marchés » esclavagistes apparaissent : en Afrique, au Moyen-Orient et en Amérique latine, où les Conquistadors espagnols contraignent les populations indigènes à travailler la terre et à extraire le minerai. Elles sont rapidement décimées par la dureté du labeur, la servitude et les maladies. Les Européens se tournent alors massivement vers l'Afrique. Ils organisent la déportation et la traite de millions de personnes. C'est le trafic du « bois d'ébène ».

Le commerce triangulaire

On estime que, durant quatre siècles, douze à quinze millions d'Africains sont arrachés à leur terre natale et déportés par voie maritime. Le commerce triangulaire (Europe-Afrique-Amérique) fonctionne ainsi : les navires négriers partent de nombreux pays d'Europe (Hollande, Grande-Bretagne, France, Portugal), abordent les côtes africaines où ils échangent contre un peu de verroterie et des objets de pacotille des Noirs. Ils embarquent leur cargaison d'hommes réduits à l'état d'esclaves, qu'ils mènent jusqu'en Amérique. Le trajet dure de quatre à six semaines. Jusqu'à six cents personnes survivent sur les entreponts. Nus, entravés, les captifs sont entassés les uns sur les autres dans un endroit irrespirable et une chaleur étouffante, en proie au mal de mer, aux mauvais traitements et aux brimades de toutes sortes. Ils sont mar-

qués au fer et enchaînés deux par deux, par la cheville et le poignet. Les maladies se propagent très rapidement. Les corps des morts sont jetés par-dessus bord.
Une fois débarqués sur les côtes américaines, les survivants reçoivent une meilleure alimentation et quelques soins pour paraître plus sains et rapporter davantage d'argent aux trafiquants. Puis ils sont vendus au cours de ventes aux enchères. On les achète « à l'unité » ou par « lots ». Le prix, qui dépend de l'état de santé, du sexe, de l'âge et de la force du sujet, est âprement débattu entre l'acheteur potentiel et l'armateur négrier. Après son négoce, ce dernier repart en Europe, son bateau rempli de produits tropicaux qu'il va revendre avant de faire route, de nouveau, vers l'Afrique.

Les conditions de vie des esclaves

Une fois acquis, l'esclave est marqué au nom de son propriétaire. Il va devenir un domestique, un ouvrier agricole, un homme à tout faire... Sa vie repose entièrement sur le bon vouloir de son maître.
En Amérique, la plupart des acheteurs sont des planteurs sudistes en quête de bras pour cultiver leurs champs de coton, de tabac, de riz ou d'indigo.
Les esclaves peinent le jour et une bonne partie de la nuit en période de récolte. Leurs conditions de travail sont très éprouvantes et les châtiments fréquents. La mortalité est élevée, surtout dans les champs de canne à sucre.

Vers l'abolition

Au fil des années, le combat pour l'abolition de l'esclavage commence. Il met des décennies à s'imposer et va radicalement bouleverser le système économique. Les propriétaires anglais d'esclaves reçoivent des indemnités pour libérer leur main-d'œuvre. En Amérique, la guerre de Sécession (1861-1865) fait rage entre le camp sudiste des esclavagistes et celui des abolitionnistes au Nord. Une fois libres, la plupart des affranchis américains cultivent de petits lopins de terre. D'autres partent s'établir en Jamaïque ou au Libéria, jeune État africain fondé par d'anciens esclaves. Mais sur mer, pendant plusieurs années, les bateaux négriers continuent clandestinement leur trafic.

Découverts, ils recourent au pire, comme le raconte Benjamin Constant à la Chambre des députés en 1821 :

« *La traite se fait plus cruellement (...). Voyez les rapports officiels relatifs à la* Jeanne Estelle *: quatorze Nègres étaient à bord ; aucun Nègre ne s'y trouve ; on cherche vainement ; enfin un gémissement sort d'une caisse, on ouvre ; deux jeunes filles de douze et quatorze ans y étouffaient ; et plusieurs caisses de la même forme et de la même dimension venaient d'être jetées à la mer.* »

Dans chaque pays, la fin de l'esclavage provoque une grande liesse populaire parmi les abolitionnistes. Mais peu à peu, une main-d'œuvre internationale bon marché répond aux besoins économiques...

En 1998, la France a officiellement célébré le cent cinquantième anniversaire de l'abolition de l'esclavage. Pourtant, l'ONU estime qu'il existe plus de deux cents millions d'esclaves dans le monde aujourd'hui, dont de nombreux enfants...

QUELQUES DATES

1441 : Des marins portugais ramènent les premiers esclaves au Portugal. C'est le début de la traite des Noirs organisée par l'Europe.
1492 : Découverte de l'Amérique par Christophe Colomb.
1642 : Louis XIII autorise officiellement la traite.
1643 : *L'Espérance*, un navire de La Rochelle, revient de Saint-Christophe – une île des Antilles – avec une cargaison humaine.
1716 : Le Régent permet aux ports de La Rochelle, Rouen, Nantes et Bordeaux de « faire librement le commerce des nègres ».
1749 : Quarante-quatre expéditions maritimes quittent Nantes à destination de l'Afrique.
1778 : Les mariages mixtes sont interdits en France.
1787 : La Société pour l'abolition de la traite voit le jour en Angleterre.
1788 : La Société des Amis des Noirs est créée en France.

1794 : La France abolit « l'esclavage des nègres dans toutes les colonies ».
1802 : Bonaparte rétablit l'esclavage dans les colonies françaises.
1803 : Mort de Toussaint Louverture, ancien esclave meneur de la révolte des esclaves noirs en 1791 qui a abouti à l'indépendance de Saint-Domingue, devenu Haïti en 1804.
1807 : La Grande-Bretagne et les États-Unis abolissent la traite.
1817 : Louis XVIII interdit officiellement la traite en France. Elle se poursuit illégalement jusque dans les années 1830.
1833 : La Grande-Bretagne abolit l'esclavage dans l'ensemble de ses colonies.
1848 : La France supprime l'esclavage dans toutes ses colonies.
1850 : Abolition de la traite au Brésil. C'est, au XIXe siècle, la première nation faisant le commerce du « bois d'ébène ».
1862 : Aux États-Unis, Abraham Lincoln proclame l'émancipation des esclaves. Deux ans plus tard, le treizième amendement de la Constitution américaine abolit l'esclavage.
1888 : Le Brésil abolit l'esclavage.
1963 : L'Arabie Saoudite supprime l'esclavage.
1980 : Abolition de l'esclavage en Mauritanie.

QUELQUES CHIFFRES

• Au XVIIIe siècle, environ 4 220 expéditions négrières sont parties de France, dont deux tiers du port de Nantes qui, de 1715 à 1789, devient le premier port négrier de France avec 1 427 opérations maritimes.

• Pour un esclave embarqué vivant dans un bateau, on estime que cinq Africains ont trouvé la mort peu de temps avant, en résistant, en tentant de se sauver ou sur le trajet (plus de 100 km en moyenne) qui les menait du lieu de leur capture au navire. Pendant ce trajet, le prisonnier portait des chaînes au cou. Ses poignets et ses chevilles étaient entravés.

• Sur les vaisseaux, on comptait en moyenne un marin pour dix captifs.

• La traite durait de trois à six mois, pendant lesquels le navire négrier embarquait plusieurs cargaisons humaines sur les côtes d'Afrique avant de gagner le large.

• Pendant toute la durée de la traite, de 1,5 à 2 millions de Noirs sont morts sur les 12 à 15 millions embarqués sur les navires qui traversèrent l'Atlantique.

• Le châtiment le plus utilisé par les maîtres à l'encontre de leurs esclaves était le fouet : cinquante coups de fouet en moyenne étaient donnés pour simple désobéissance, lenteur ou « mauvais travail ». Mais la plupart des propriétaires recouraient aux mutilations et aux tortures de toutes sortes, comme la marque au fer rouge ou le port de la muselière. Les plaies étaient parfois arrosées d'eau salée.

• Entre 1815 et 1861 aux États-Unis, le recours massif aux esclaves a porté le rendement des champs de coton de 80 000 tonnes à 1 150 000 tonnes.

> « L'esclave qui aura été en fuite pendant un mois aura les oreilles coupées et sera marqué d'une fleur de lys sur une épaule ; et s'il récidive un autre mois, il aura le jarret coupé et sera marqué d'une fleur de lys sur l'autre épaule ; et la troisième fois, il sera mort. »
>
> Article 38 du *Code noir* français, 1685

LES COMBATTANTS DE L'ESCLAVAGE

Spartacus (? – 71 avant J.-C.)

Gladiateur d'origine thrace, Spartacus fut enrôlé en tant qu'esclave dans l'armée romaine. Il déserta et fut repris à plusieurs reprises. Revendu comme gladiateur, il se libéra et prit la direction d'un groupe de rebelles que de nombreux esclaves rejoignirent. Fort d'une armée de soixante-dix mille hommes, Spartacus tint tête aux armées romaines jusqu'à ce que ses troupes, divisées, se désagrègent. Il mourut héroïquement face à Pompée. Son nom symbolise la résistance à l'oppression.

Toussaint Louverture (1743 – 1803)

Toussaint Louverture est un esclave de la colonie française de Saint-Domingue jusqu'en 1776, date de son affranchissement. Tour à tour cocher, surveillant d'une plantation, médecin puis général d'armée, il participe au soulèvement des Noirs en août 1791. Il se rallie avec son armée en mai

1794 à la République française. Promu général à vie d'une île qu'il souhaite unifier, Toussaint Louverture s'oppose aux projets de Bonaparte qui visent à rétablir l'esclavage. Il affronte les troupes bonapartistes en divers combats. Arrêté en juin 1802, il est ramené en France et mis au secret au fort de Joux. Il déclare : « En me renversant, on n'a abattu à Saint-Domingue que le tronc de l'arbre de la liberté des nègres ; il repoussera par les racines, parce qu'elles sont profondes et nombreuses. » Il meurt un an plus tard en captivité. Toussaint Louverture représente l'accession au pouvoir des Noirs pour l'indépendance des Caraïbes.

Abraham Lincoln (1809 – 1865)

Né dans une famille pauvre de quakers et vrai *self-made man*, Lincoln devient député de l'Illinois. Avocat, il entre au Congrès en 1847 et entame son combat contre les inégalités. Cet orateur de talent s'attaque très tôt au problème noir et se rend à de multiples reprises dans les États esclavagistes du Sud, où il dénonce les manquements à la Constitution qui stipule que « tous les hommes sont créés égaux. » Élu à la présidence des États-Unis en 1860, Abraham Lincoln subit aussitôt la réaction séparatiste du Sud, qui constitue une Confédération sudiste indépendante. Il ne parvient pas à éviter la guerre pour maintenir l'Union. Dès lors, la guerre civile oppose Nordistes et Sudistes. Le 22 septembre 1862, Lincoln proclame l'émancipation immédiate des esclaves des États rebelles. Trois millions de Noirs recouvrent la liberté et bon nombre d'entre eux s'enrôlent aux côtés des Nordistes. Les Sudistes capitulent en avril 1865. Après la guerre, le Congrès vote l'abolition de l'esclavage sur l'ensemble du territoire. Promoteur d'un grand programme de reconstruction nationale, Abraham Lincoln est assassiné par un fanatique esclavagiste.

Victor Schœlcher (1804 – 1893)

Ce député d'origine alsacienne milita en faveur de l'abolition de l'esclavage dès 1830, après son premier voyage aux Antilles. Plus tard, il dénonça les limites de la loi française et les conditions d'affranchissement des anciens esclaves : les décrets d'application de 1831 et 1832 n'avaient donné la liberté qu'à des vieillards, des enfants et aux « libres de savane », des hommes contraints de vivre à l'écart des domaines cultivés. Nommé sous-secrétaire d'État aux Colonies et à la Marine en 1848 sous la IIe République,

Victor Schœlcher prépara l'acte d'abolition de l'esclavage du 27 avril 1848. Député des Antilles à plusieurs reprises, adversaire de Louis Napoléon Bonaparte, Schœlcher fut contraint à l'exil après le coup d'État du 2 décembre 1851. Après la chute de l'Empire, il fut élu sénateur de la IIIe République en 1875 et se montra un farouche adversaire de la peine de mort. Ses cendres reposent au Panthéon.

L'ÎLE DE LA HONTE

L'île de Gorée, joli petit îlot situé dans la baie de Dakar au Sénégal, a servi de plaque tournante au commerce d'esclaves. Là, pendant quatre siècles, des milliers de bateaux portugais, espagnols, anglais, français et danois ont accosté pour faire le trafic de la population africaine.
Sur cette île, tous les prisonniers étaient enfermés dans une maison tristement célèbre, « la maison des esclaves », en attendant l'arrivée des navires négriers. En 1978, l'île de Gorée a été inscrite au patrimoine mondial de l'UNESCO. « La maison des esclaves » constitue un témoignage saisissant de la traite des Noirs.

CANDIDE OU L'OPTIMISME
Extrait (1759)

« En approchant de la ville, ils rencontrèrent un nègre étendu par terre, n'ayant plus que la moitié de son habit, c'est-à-dire d'un caleçon de toile bleue ; il manquait à ce pauvre homme la jambe gauche et la main droite.

– Eh, mon Dieu, lui dit Candide en hollandais, que fais-tu là, mon ami, dans l'état horrible où je te vois ?

– J'attends mon maître, monsieur Vanderdendur, le fameux négociant, répondit le nègre.

– Est-ce monsieur Vanderdendur, dit Candide, qui t'a traité ainsi ?

– Oui, monsieur, dit le nègre, c'est l'usage. On nous donne un caleçon de toile pour tout vêtement deux fois l'année. Quand nous travaillons aux sucreries, et que la meule nous attrape le doigt, on nous coupe la main ; quand nous voulons nous enfuir, on nous coupe la jambe : je me suis trouvé dans les deux cas. C'est à ce prix que vous mangez du sucre en Europe. Cependant, lorsque ma mère me vendit dix écus patagons sur la côte de Guinée, elle me disait : "Mon cher enfant, bénis nos fétiches, adore-les toujours, ils te feront vivre heureux ; tu as l'honneur d'être esclave de nos seigneurs les blancs, et tu fais par là la fortune de ton père et de ta mère." Hélas, je ne sais pas si j'ai fait leur fortune, mais ils n'ont pas fait la mienne. Les chiens, les singes et les perroquets sont mille fois moins malheureux que nous ; les fétiches hollandais qui m'ont converti me disent tous les dimanches que nous sommes tous enfants d'Adam, blancs et noirs. Je ne suis pas généalogiste ; mais si ces prêcheurs disent vrai, nous sommes tous cousins issus de germain. Or vous m'avouerez qu'on ne peut pas en user avec ses parents d'une manière plus horrible.

– Ô Pangloss ! s'écria Candide, tu n'avais pas deviné cette abomination ; c'en est fait, il faudra qu'à la fin je renonce à ton optimisme.

– Qu'est-ce qu'optimisme ? disait Cacambo.

– Hélas, dit Candide, c'est la rage de soutenir que tout est bien quand on est mal ; et il versait des larmes en regardant son nègre ; et en pleurant, il entra dans Surinam. »

Voltaire (1694-1778)

cascade

11-13

À CLOCHE-CŒUR
Marie-Florence Ehret.

L'ACROBATE DE MINOS
L.N. Lavolle.

ADIEU BENJAMIN
Chantal Cahour.

L'AMOUR K.-O.
Jean-Paul Nozière.

B COMME BÉATRICE
Geneviève Senger.

LE BALLON D'OR
Yves Pinguilly.

C'EST PAS COMPLIQUÉ L'AMOUR
Sylvaine Jaoui.

CLARA ET L'ANGE TATOUÉ
Catherine Porte.

UN CŒUR AU CREUX DE LA VAGUE
Hortense Cortex.

COUP DE FOUDRE
Nicole Schneegans.

LA COUR AUX ÉTOILES
Évelyne Brisou-Pellen.

CYRANO JUNIOR
François Charles.

LE DÉFI DE MISS CAMBOUIS
Marie Dufeutrel.

LE DUEL DES SORCIERS
Jean Molla.

EMBRASSE-MOI... AVANT LA FIN DU MONDE
Isabelle Chaillou.

L'ENFANT INTERDIT
Margaret Peterson Haddix.

EN SCÈNE LES 5e
Pascale Perrier.

L'ÉTÉ DE SILVIO
Jean-Côme Noguès.

L'ÉTÉ JONATHAN
Marie Dufeutrel.

UNE FILLE DE RÊVES
Éric Sanvoisin.

LA GRIFFE DES SORCIERS
Évelyne Brisou-Pellen.

L'INCONNU DU JEUDI SOIR
Roselyne Bertin.

LE JOUR DU MATCH
Gilberte Niquet.

JULIETTE CHERCHE ROMÉO
Paul Thiès.

LE MAÎTRE DE LA SEPTIÈME PORTE
Évelyne Brisou-Pellen.

MON JOURNAL DE GUERRE
Yvon Mauffret.

LE MYSTÈRE DE LA NUIT DES PIERRES
Évelyne Brisou-Pellen.

PABLO À LA VIE À LA MORT
Yves-Marie Clément.

UN PONEY BLANC NEIGE
Anne Eliot Crompton.

LE PRINCE D'ÉBÈNE
Michel Honaker.

LE PRINCE ESCLAVE
Olaudah Equiano
Adapté par Ann Cameron.

PRISONNIÈRE DES MONGOLS
Évelyne Brisou-Pellen.

UNE RANDONNÉE D'ENFER
Pascale Perrier.

RENCONTRES SECRÈTES
Catherine Porte.

RENDEZ-VOUS AU COLLÈGE
Stéphane Méliade.

LE RÊVE DE L'OISEAU BLEU
Roger Judenne.

LE ROI VAGABOND
C. Porte – R.-C. Labalestra.

ROLLERS DE CHOC
Stéphane Daniel.

SÉRIE NOIRE POUR BABACAR
Michel Girin.

UNE SIXIÈME EN ACCORDÉON
Jean-Paul Nozière.

TEMPÊTE SUR L'ERIKA
Roselyne Bertin.

LE TRÉSOR DU MENHIR
Yvon Mauffret.

UN TRÉSOR DANS L'ORDINATEUR
Jacques Asklund.

L'ILLUSTRATEUR

ZAÜ (André Langevin) est né à Rennes en 1943. Après des études à l'école Estienne, il a travaillé en agence de publicité de 1964 à 1970. C'est à cette époque qu'il a commencé à collaborer avec la presse pour les jeunes : Bayard, Milan et Hachette ainsi qu'avec de nombreux éditeurs dont les Éditions Rageot.
Il a réalisé plusieurs expositions personnelles suite à des voyages en Afrique noire.

Achevé d'imprimer en mai 2002 sur les presses
de l'Imprimerie Hérissey à Évreux (Eure)
Dépôt légal : juin 2002
N° d'édition : 3733 – N° d'imprimeur :92256